मेरी आवाज़ सुनो

मेरी आवाज़ सुनो

इंसाफ़ के दरवाज़े पर तमिलनाडु की महिलाओं की दस्तक

जस्टिस के. चंद्रू
पूर्व न्यायाधीश, मद्रास उच्च न्यायालय

अनुवाद **भुवेन्द्र त्यागी**

वाम

पहला संस्करण, सितम्बर 2022

वाम प्रकाशन
2254/2 ए, शादी खामपुर
न्यू रंजीत नगर
नयी दिल्ली – 110008

वाम प्रकाशन और लेफ़्टवर्ड बुक्स नया रास्ता पब्लिशर्स प्रा.लि. की प्रकाशन शाखाएं हैं।

leftword.com

ISBN 978-93-92017-09-4

Visit website

Meri Awaaz Suno:
Insaf Ke Darwaze Par Tamil Nadu Ki Mahilaon Ki Dastak
By Justice K. Chandru
Translated by Bhuvendra Tyagi

सूची

भूमिका

गीता हरिहरन

अदालतों में इंसाफ़ मांगने जाने वालों पर लिखी इस किताब को मैंने बहुत अपेक्षा के साथ पढ़ना शुरू किया। के. चंद्रू ने जीवन भर ऐसे लोगों की मदद की है जो बड़ी मुश्किल से किसी तरह अदालतों में पहुंचते हैं। मद्रास उच्च न्यायालय में एक न्यायाधीश के रूप में के. चंद्रू ने हमें दिखाया है कि ईमानदारी से सराबोर न्यायाधीश होना क्या होता है;[1] न्यायिक जवाबदेही पर अमल करना क्या होता है; और मुकदमों को सुनकर रेकॉर्ड संख्या में आदेश पारित करने के लिए कड़ी मेहनत करना क्या होता है। सबसे बड़ी बात यह है कि वह एक ऐसे व्यक्ति हैं, जो सभी को न्याय दिलाने की अपनी प्रतिबद्धता पर खरे उतरे हैं। उनके ऐतिहासिक निर्णय कई मायनों में बदलाव

[1] अदालती व्यवस्था के कुछ ताम-झाम से छुटकारा पाने के लिए न्यायाधीश बनने के बाद उन्होंने जो पहला काम किया, वह था गदा लेकर चलने वाले लाल टोपी वालों को हटाना, जो न्यायाधीशों के साथ उनके न्यायालयों और कक्षों के प्रवेश द्वार पर देखे जा सकते थे। उन्होंने एक सब-इंस्पेक्टर-रैंक वाले व्यक्तिगत सुरक्षा अधिकारी को भी बेमानी पाया और इस चलन को तुरंत बंद कर दिया। यहां एक न्यायाधीश था, जो नहीं चाहता था कि उसके आगमन की घोषणा चाँदी की गदा 'दावाली' से की जाए – जो शक्ति और अधिकार का प्रतीक है। वह अपनी कार पर लाल बत्ती नहीं चाहते थे; वह अदालत में 'माई लॉर्ड' के रूप में संबोधित नहीं होना चाहते थे; उन्होंने सेवानिवृत्ति के बाद कोई भी नौकरी जैसे न्यायाधिकरणों और आयोगों की सदस्यता आदि को स्वीकार नहीं किया। वह नियुक्ति के समय और फिर अपनी सेवानिवृत्ति के दिन मुख्य न्यायाधीश को अपनी संपत्ति घोषित करने वाले पहले न्यायाधीश थे। उनके आधिकारिक कक्ष के प्रवेश द्वार पर एक नोटिस पढ़ा गया: 'कोई देवता नहीं – कोई फूल नहीं, कोई भूखा नहीं है – कोई फल नहीं, कोई कांप नहीं रहा है – कोई शॉल नहीं'।
(http://www.milligazette.com/news/6957-justice-chandru-may-your-tribe-increase)

लाने वाले रहे हैं। उनमें प्रमुख निर्णय सभी जातियों के लोगों के लिए समान क़ब्रिस्तान, मध्याह्न भोजन केंद्रों में समुदाय आधारित आरक्षण; मंदिरों में महिलाओं के पुजारी बनने और नाटकों के मंचन के लिए पुलिस की अनुमति को समाप्त करने के बारे में रहे हैं।[2]

मेरा अपेक्षाएं रखना सही था, क्योंकि वे बिलकुल पूरी हुईं। किताब में वर्णित महिलाएं बहुत सबल हैं। जब वे अदालत के माध्यम से असमानता का विरोध कर रही थीं, तो मैं नब्बे के दशक के अपने क़ानूनी संघर्ष को फिर से जी रही थी। मुझे वह क्षण याद आया जब मुझे यह चौंकाने वाली बात पता चली कि मैं क़ानून की नजर में अपने नाबालिग बेटे की नैसर्गिक अभिभावक नहीं थी। इंदिरा जयसिंह और लॉयर्स कलेक्टिव के महिला अधिकार पहल कार्यक्रम की मदद से, मैंने और मेरे बच्चे के पिता ने हिंदू अल्पसंख्यक और संरक्षकता अधिनियम (1956) की संवैधानिक वैधता को चुनौती देते हुए सुप्रीम कोर्ट में एक रिट याचिका दायर की थी। इस अधिनियम की धारा 6 में कहा गया है कि पिता के 'बाद' मां अपने वैध नाबालिग बच्चे की नैसर्गिक अभिभावक है। अभिभावक और संरक्षण अधिनियम (1890) की धारा 19 अदालत को ऐसे नाबालिग के अभिभावक की नियुक्ति करने से रोकती है, जिसका पिता जीवित है और अदालत की राय में संरक्षक होने के लिए अयोग्य नहीं है। आम तौर पर इन धाराओं की अदालतों द्वारा एक साथ यह व्याख्या की जाती थी कि बच्चे का कल्याण पिता के साथ 'जुड़ा' है। परिणामस्वरूप मां से अभिभावकत्व में समान भागीदार होने का अधिकार छीन लिया जाता है। हमारी रिट याचिका का मूल प्रश्न यह था कि एक मां को अपने बच्चे के कल्याण के बारे में निर्णय लेने से क्या बात अयोग्य ठहराती है? इस धारणा का कोई सामाजिक, आर्थिक, वैज्ञानिक या जैविक आधार नहीं है कि एक महिला संरक्षकता के लिए सक्षम नहीं है। और अगर इस क़ानून

[2] 23 जनवरी 2013 को एन.वी. शंकरन उर्फ ज्ञानी बनाम तमिलनाडु राज्य के मुक़दमे में न्यायमूर्ति चंद्रू ने तमिलनाडु प्रदर्शन अधिनियम, 1954 के कुछ प्रावधानों को असंवैधानिक घोषित करते हुए नाटकों के मंचन के लिए पुलिस की अनुमति लेने का प्रावधान रद्द कर दिया। जैसा कि याचिकाकर्ता ने तर्क दिया था, '1954 का यह कानून देश में औपनिवेशिक शासन का अवशेष था, जिसके दौरान नाटकीय प्रदर्शन अधिनियम, 1876 को कानून के दायरे में लाया गया था। हालांकि यह कानून कथित तौर पर निषेध का आदेश पारित होने से पहले सुनवाई का अवसर प्रदान करने के लिए था, ऐसी प्रक्रिया महज एक औपचारिकता थी।' (https://indiankanoon.org/doc/182663805/)

का कोई तर्कसंगत आधार नहीं है, तो यह तय करने का एकमात्र मानदंड क्या है? मां का लिंग। क्या यह संविधान के अनुच्छेद 14 और 15 द्वारा दी गयी समानता का उल्लंघन नहीं था?

17 फरवरी 1999 को भारत के मुख्य न्यायाधीश सहित सर्वोच्च न्यायालय की एक पीठ ने माताओं और बच्चों के बारे में एक फ़ैसला लिखा। शीर्ष अदालत ने फ़ैसला सुनाया कि [3] 'यह एक स्वयंसिद्ध सत्य है कि एक नाबालिग बच्चे के माता और पिता दोनों का कर्त्तव्य अपने बच्चे और उसकी संपत्ति की उचित देखभाल करना है'। एक समवर्ती फ़ैसले में, उसी पीठ के सदस्यों में से एक ने कहा कि 'पिता को एक प्रभावशाली व्यक्तित्व के कारण अभिभावकत्व के मामले में मां से श्रेष्ठ नहीं माना जा सकता, क्योंकि दोनों एक ही श्रेणी में आते हैं'।[4]

यह एक ऐतिहासिक निर्णय माना गया था; महिलाओं के अधिकारों के लिए – संघर्ष में मील का पत्थर। मुझे जीत का एहसास होना चाहिए था। लेकिन जिस सच्चाई को मैं नज़रअंदाज़ नहीं कर सकती थी, वह एक आसान सा सवाल था: क्या हम इतने अंधे हैं कि हमें यह बताने के लिए क़ानून की ज़रूरत है कि एक मां को अपने बच्चे का स्वीकृत अभिभावक होने का अधिकार है? लेकिन बाद में मुझे एहसास हुआ कि अगर क़ानून को सरल ढंग से भी पढ़ा जाए तो उनमें अन्य महिलाओं के लिए भी यह गुंजाइश है कि वे विस्तृत अधिकार हासिल कर सकें।

भारत में हम अपनी आकांक्षाओं को पूरा करने के लिए यह स्थापित करना चाहते हैं कि अदालतों के माध्यम से न्याय तक पहुंच सभी के लिए है। हम इसी दिशा में काम कर रहे हैं: एक ऐसा देश जहां क़ानून बनाए जाते हैं, पढ़े जाते हैं और लागू होते हैं ताकि न्याय नागरिकों और विविधता वाले राष्ट्र के लिए हवा और पानी की तरह आवश्यक पोषण जैसा हो। एक बार जब हम इस पर सहमत हो जाते हैं, तो यह पूछना बेमानी लग सकता है कि अदालतों में चलने वाले क़ानून से किसे लाभ होना चाहिए। दुख की बात है कि इस सवाल को बार-बार पूछने की ज़रूरत है। इसका स्पष्ट

[3] सुश्री गीता हरिहरन और अन्य बनाम भारतीय रिजर्व बैंक और अन्य के मुकदमे में अनुच्छेद 18, 17 फरवरी 1999, https://indiankanoon.org/doc/1241462/

[4] सुश्री गीता हरिहरन और अन्य बनाम भारतीय रिजर्व बैंक और अन्य में अनुच्छेद 24, 17 फरवरी 1999।

उत्तर है कि निश्चित रूप से देश में हर किसी को क़ानून का फ़ायदा मिलना चाहिए। लेकिन हमारा प्रत्यक्ष अनुभव ऐसा नहीं है। इस पुस्तक में के. चंद्रू ने यथार्थ रूप में उन वास्तविक मामलों की कहानी बतायी है, जिनमें भारत के सभी नागरिकों को दिये गये न्याय के अधिकार का उल्लंघन किया गया। 'मेरी आवाज सुनो' का केंद्रबिंदु वे महिलाएं हैं, जो अक्सर बड़ी बाधाओं के ख़िलाफ़ अदालतों में जाती हैं।

के. चंद्रू हमें बताते हैं कि सत्तर के दशक के मध्य से पारिवारिक संपत्ति विवादों से लेकर भेदभाव और उत्पीड़न, वैवाहिक कलह और हिंसा तक हर तरह के मामलों में इंसाफ़ के लिए महिलाओं ने धीरे-धीरे और कठिनाई के साथ अदालतों का दरवाज़ा खटखटाना शुरू किया। इस पुस्तक में चंद्रू ने जिन कहानियों का वर्णन किया है – उनमें से अधिकांश तमिलनाडु की हैं – वे भोगे हुए अनुभव के सभी पहलुओं को उजागर करती हैं। और उनमें वर्ग, जाति और समुदाय के वे तमाम बंधन शामिल हैं, जो भारतीय महिलाओं को झेलने पड़ते हैं। इस विषम समूह को जो बात जोड़ती है, वह है अदालत जाने में उनकी बहादुरी और उनका यह विश्वास कि अदालत और समाज उन्हें न्याय देते हैं।

ग़ौर कीजिए: अमुता, जिसके पति ने तलाक़ की पहल की थी, ने सवाल उठाया कि क्या उसके दस साल के बेटे को माता या पिता के पक्ष में सबूत देने के लिए अदालत में पेश किया जा सकता है। मुहब्बत बीवी, जिसे इद्दत की अवधि के दौरान सुबह साढ़े चार बजे गिरफ़्तार किया गया था, अदालत गयी और एक ग़ैरजवाबदेह पुलिस अधिकारी से सार्वजनिक रूप से माफ़ी मंगवायी। एक कुली कलिताई के पति की मौत पुलिस थाने में हो गयी – पुलिस ने दावा किया कि उसकी मृत्यु नहीं हुई थी, उसने आत्महत्या की थी। हालांकि इसमें कई साल लग गये, लेकिन अदालत ने आख़िरकार फ़ैसला सुनाया कि यह हिरासत में मौत थी और राज्य सरकार को उसे मुआवज़ा देना चाहिए। पोतुमल्ली ने देखा कि कैसे मध्याह्न भोजन केंद्रों और आंगनवाड़ी केंद्रों में नियुक्ति में दलित महिलाओं के साथ भेदभाव किया जाता था। उसने इन नियुक्तियों के दौरान आरक्षण लागू करने पर ज़ोर देने के लिए एक रिट याचिका दायर की।

ये कुछ ऐसी महिलाएं हैं, जिनसे हम इस किताब में मिलते हैं, बहादुर महिलाएं। बहादुर इसलिए कि हमारे देश में किसी व्यक्ति का अदालत जाना ही कठिन है,

महिलाओं के लिए तो यह और भी मुश्किल है क्योंकि उन्हें परिवार से इसके लिए आर्थिक और भावनात्मक सहयोग नहीं मिलता। सामाजिक परंपराएं और महिलाओं की सामाजिक स्थिति भी इसके अनुकूल नहीं है। वर्तमान न्यायिक तंत्र से भी उन्हें इसके लिए प्रोत्साहन नहीं मिलता। दरअसल इनमें से एक महिला आसन् बानो पर भी 'बिना अनुमति' के अदालत जाने का आरोप लगाया गया था। फिर भी, सभी मामलों में महिलाओं ने व्यक्तिगत साहस दिखाया। क़ानूनी न्याय के अपने अधिकार को हासिल करने का उनका जज़्बा वाकई प्रशंसनीय और दिल को छू लेने वाला है। वास्तविक महिलाओं की कहानियों का यह संग्रह इस मायने में विशिष्ट है कि इनमें लगभग सभी मामलों में जीत होती है, भले ही वह बहुत-कुछ दांव पर लगाकर हासिल की गयी जीत हो, लेकिन यह रोशनी दिखाने वाली है।

यह एक ऐसी किताब है, जो हर महिला और लिंग आधारित भेदभाव से घृणा करने वाले व्यक्ति से शिद्दत से बतियाती है। बल्कि यह उससे भी कहीं ज़्यादा है। व्यक्तिगत संघर्ष एकाकी साहसी सितारों की तरह चमकते हैं; लेकिन वे वास्तव में अकेले नहीं होते। उनके आसपास ही न्याय के लिए कई संघर्ष हो रहे होते हैं। चाहे वह समूह हो, पूरा गांव हो, जाति हो, समुदाय हो या कोई आंदोलन हो, ये तमाम सामूहिक प्रयास नक्षत्रों की तरह चमकते हैं। उनका हौसला लोगों को एकजुट करता है। यहां तक कि उन लोगों को भी शामिल कर लेता है, जिन्हें कमज़ोर माना जाता है। वे एकजुट होकर साफ़ संकेत देते हैं: हम अपने अधिकारों के लिए लड़ेंगे।

पुस्तक में कुछ ऐसी चर्चित घटनाओं को याद किया गया है, जब सामूहिक लड़ाई ने आंदोलनों को जन्म दिया और बाद में क़ानून में बदलाव आया। सन् 1972 में मथुरा नामक आदिवासी लड़की को अंधेरा होने के बाद अवैध रूप से पुलिस स्टेशन में बुलाया गया और हिरासत में उसके साथ बलात्कार किया गया। अदालतों ने इस मामले में कोई प्रशंसनीय काम नहीं किया। वर्ष 1979 में सर्वोच्च न्यायालय ने बलात्कारियों के अपराध पर बॉम्बे हाई कोर्ट के फ़ैसले को उलट दिया। उसने कहा कि मथुरा के शरीर पर संघर्ष के कोई निशान नहीं थे और वह संभोग की 'आदी' थी। इस मामले ने नागरिकों में आक्रोश पैदा किया और मथुरा के साथ लोगों के एकजुट होने के परिणामस्वरूप विभिन्न महिला संगठनों का गठन हुआ। पितृसत्ता के संचालन

के तौर-तरीकों पर समझ स्पष्ट होने तथा महिलाओं के क़ानूनी अधिकारों को लेकर लोगों में जागरूकता बढ़ने से हिरासत में बलात्कार के मुद्दे पर क़ानूनी मील का पत्थर बनने का रास्ता साफ़ हुआ।

महिलाओं और क़ानून के लिए दूसरा मील का पत्थर सन् 1997 में विशाखा निर्णय था। राजस्थान में एक सामाजिक सेवा कार्यकर्ता के सामूहिक बलात्कार के बाद एक महिला अधिकार समूह विशाखा ने कुछ कार्यकर्ताओं के साथ मिलकर एक जनहित याचिका (पीआईएल) दायर की। जनहित याचिका में कार्यस्थल पर महिलाओं के यौन उत्पीड़न के बारे में क़ानूनी प्रावधानों की आवश्यकता को रेखांकित किया गया। इस मामले में अदालत का फ़ैसला लैंगिक समानता के लिए एक महत्त्वपूर्ण कदम था, हालांकि संसद को क़ानून बनाने में 2013 तक का समय लगा।

सच तो यह है कि इस पुस्तक में कम ज्ञात मामलों का विवरण है। ये मामले 'छोटे' या 'स्थानीय' सामूहिक प्रयास लग सकते हैं। वास्तव में ये उतने ही महत्त्वपूर्ण हैं, जितने कि 'राष्ट्रीय' स्तर के मामले। और उनमें से कई ने यह रेखांकित किया है कि लैंगिक समानता की लड़ाई दरअसल जाति, वर्ग और सांप्रदायिक विभाजन के ख़िलाफ़ संघर्ष की समानधर्मा है।

जाति के ख़िलाफ़ संघर्ष कई स्तरों पर होना चाहिए, लेकिन अदालतों के लिए यह महत्त्वपूर्ण है कि वे कानून को इस तरह लचीला बनाएं कि उसके दायरे में वे तौर-तरीके भी आयें, जिनसे हर दिन भेदभाव और क्रूरता होती है। पोतुम्बु गांव के लोग एक सरकारी हाई स्कूल के प्रधानाध्यापक द्वारा स्कूली छात्राओं के यौन उत्पीड़न का विरोध करने के लिए एकजुट होकर आये। एक महिला संगठन के सहयोग से उनके मामले की गहन जांच की गयी। बाद में उच्च न्यायालय का फ़ैसला आया जिसमें जाति के पहलू पर भी विचार किया गया था, पीड़ितों के उपचार का भी आदेश था। के. चंद्रू ने अन्य स्थानों के ऐसे और भी मामलों के बारे में लिखा है, जिनका असर महिलाओं के साथ ही बड़े समुदाय पर भी हुआ।

शिवन्थिपट्टी गांव में दलित खेतिहर मजदूरों ने रोजमर्रा के जातिगत भेदभाव के ख़िलाफ़ अपने संघर्ष में जीत हासिल की। उनमें से कई तो बस से तिरुनेलवेली जाकर वहां अपनी उपज बेचा करते थे। उनके क्षेत्र के लिए बस सेवा रोक दी गयी। इसके

लिए पुलिस कमिश्नर द्वारा दिये गये कारण से हाई कोर्ट हैरान था: अगर बस दलित कॉलोनी में रुकती है, तो सभी सीटों पर दलित बैठ जाएंगे और अन्य शहरवासियों या उच्च जाति के हिंदुओं को खड़े होकर सफ़र करना पड़ेगा। अदालत ने दलित कॉलोनी के बस स्टॉप पर सेवा फिर से शुरू करने के निर्देश जारी किये। एक अन्य मामले में मृत्यु के बाद भी जाति के आधार पर किये जाने वाले भेदभाव को चुनौती दी गयी थी। उच्च न्यायालय के इस फ़ैसले के बावजूद कि क़ब्रिस्तान में जाति के आधार पर आवंटन समानता के अधिकार और छूआछूत ख़त्म करने की कोशिशों के ख़िलाफ़ होगा, यह प्रथा जारी है। इन छोटी और बड़ी जीतों के अलावा अभी बहुत कुछ करना बाकी है।

लेकिन लड़ाई जारी है, भले ही एक के बाद एक बाधाओं का सामना क्यों न करना पड़े, भले ही इसमें कितने ही साल क्यों न लग जाएं। इस पुस्तक से हमें यह सब पता चलता है। मानीख़ेज़ लोगों, चाहे वे महिलाएं हों, दलित हों, 'विमुक्त जनजाति' हों या पुलिस हिरासत में मारे गये कार्यकर्ताओं की मांएं हों – उन सबकी समस्याओं और संघर्षों का पता चलता है।

इस पुस्तक में इन सबसे कहीं ज़्यादा पढ़ने को मिलता है: यह हमें याद दिलाती है कि क़ानून स्थिर नहीं है। हर बार जब क़ानून को दोबारा पढ़ा जाता है और अधिक परिस्थितियों में अधिक लोगों के अधिकारों को शामिल करने के लिए इसकी पुनर्व्याख्या की जाती है, तो यह जीवंत हो उठता है। जब यह विशिष्ट परिस्थितियों में असमानता के विरोध में लोगों द्वारा उठाए गये सवालों और मुद्दों का जवाब देता है, तो इसमें एक नई जान आ जाती है। तब इससे सिर्फ़ लोगों को फ़ायदा नहीं होता। जन जागरूकता और जानकार जनमत से क़ानून का पठन और सभी नागरिकों को न्याय देने वाली अदालतें जैसी संस्थाएं भी समृद्ध होती हैं। हाँ, यह पुस्तक असमानता के ऐसे अनेक उदाहरण प्रस्तुत करती है, जिनसे अनेक विषम परिस्थितियाँ उत्पन्न होती हैं। लेकिन वास्तव में यह उम्मीद जगाने वाली किताब है।

जब क़ानून सख़्त हो जाता है और आम आदमी से कट जाता है; जब इसे उपलब्ध कराने वाले तंत्र की नाकामी की वजह से यह हर नागरिक की पहुंच से दूर हो जाता है; तब क़ानून, अदालत और न्याय का अर्थ क़ानून को समावेशी, संवेदनशील

और प्रगतिशील बनाने के लोगों के संकल्प में ढूंढा जा सकता है। इन सभी बातों को यह किताब बहुत अच्छी तरह पेश करती है। उन बहादुर लोगों के मन में आशा जीवित रहती है, जिनसे हम बड़ी विपत्ति और अदालत में उनके संघर्ष के दौरान रू-ब-रू होते हैं। आशा इस बात में निहित है कि कभी-कभी, बल्कि कई बार उनकी आवाज सुनी जाती है। दरअसल वही हैं, जो बेहतरी के लिए अपना और हमारा जीवन बदलते हैं। क़ानून और अदालत तो महज इसका जरिया हैं।

प्रस्तावना

जस्टिस के. चंद्रू

भारतीय विदेश सेवा की वरिष्ठ अधिकारी सी.बी. मुत्तम्मा को सेवा के 'ग्रेड I' में पदोन्नत नहीं किया गया, जबकि उनसे कनिष्ठ अधिकारियों को उनसे पहले पदोन्नत कर दिया गया था। उन्होंने लंबे समय तक इंतज़ार किया। आखिर 1970 के दशक के अंत में उन्होंने सर्वोच्च न्यायालय का दरवाज़ा खटखटाया।

यह उनका सौभाग्य था कि उनका मामला उस पीठ के समक्ष आया, जिसमें महान न्यायाधीश वी.आर. कृष्णा अय्यर शामिल थे। कोर्ट ने केंद्र सरकार से पूछा कि उन्हें उनका हक क्यों नहीं दिया गया।

जरा सोचिए, सरकार ने भला क्या जवाब दिया होगा।

'मुत्तम्मा अविवाहित हैं। अगर उन्हें एक राजदूत के रूप में नियुक्त किया गया जाता, तो एक अकेली महिला होने के नाते वह सरकार के मेहमानों का स्वागत नहीं कर सकती थीं। इसीलिए सरकार अविवाहित महिला आईएफएस अधिकारियों को स्वतंत्र पदों पर नियुक्त नहीं करती है।' यह अजीब बात थी कि अविवाहित पुरुष अधिकारियों पर यह नियम लागू नहीं होता था।

मुत्तम्मा यूपीएससी परीक्षा के माध्यम से भारतीय सिविल सेवा में शामिल होने वाली पहली महिला थीं। उन्होंने सन् 1948 में यह परीक्षा पास की थी। इस तरह वह आईएफएस में शामिल होने वाली पहली महिला थीं। कार्यभार ग्रहण करने के समय उन्हें एक लिखित शपथपत्र प्रस्तुत करना पड़ा कि शादी होने पर वह इस्तीफ़ा दे देंगी। कितनी भद्दी बात है कि इस नियम के अनुपालन को उनके विरुद्ध ठहराया गया था।

सरकार के इस जवाब से जज हैरान रह गये। उन्होंने चेतावनी दी कि अगर मुत्तम्मा को तुरंत राजदूत नियुक्त नहीं किया गया, तो वे सरकार के नियमों को असंवैधानिक घोषित करने के लिए मजबूर होंगे।

अगली सुनवाई से पहले ही मुत्तम्मा को हेग में राजदूत के रूप में तैनात कर दिया गया था।

याचिका का निपटारा करते हुए जस्टिस कृष्णा अय्यर ने अपने फ़ैसले में लिखा, 'हम याचिका ख़ारिज करते हैं, अब कोई समस्या नहीं।'

कभी युवा तुर्क कही जाने वाली नंदिनी सत्पथी कांग्रेस की एक वरिष्ठ नेता और ओडिशा की पूर्व मुख्यमंत्री थीं। उन्होंने सन् 1976 में आपातकाल के दौरान अपने पद से इस्तीफ़ा दे दिया। जब वह विपक्ष में थीं, तब एक पुलिस अधिकारी ने एक बार उन्हें शाम को पूछताछ के लिए बुलाया। उन्होंने सर्वोच्च न्यायालय का दरवाज़ा खटखटाकर दलील दी कि अंधेरा होने के बाद किसी महिला को थाने में बुलाना गलत है।

दंड प्रक्रिया संहिता की धारा 160 में प्रावधान है कि किसी भी महिला को पुलिस थाने में नहीं बुलाया जाएगा; विशेष रूप से उसके आवास के अलावा किसी अन्य स्थान पर उससे पूछताछ नहीं की जा सकती। सर्वोच्च न्यायालय ने कहा कि अंधेरा होने के बाद किसी भी महिला को थाने में नहीं बुलाया जा सकता। इस फ़ैसले ने पुलिस को यह याद दिलाया कि क़ानून में ऐसा प्रावधान मौजूद है।

लगभग उसी समय, सितंबर 1979 में सर्वोच्च न्यायालय ने सत्र न्यायालय द्वारा दोषी ठहराये गये एक आरोपी को उस मामले में बरी कर दिया, जहां मथुरा नामक एक महिला के साथ सामूहिक बलात्कार किया गया था। इसके फ़ैसले का कारण हैरान करने वाला था। अदालत ने तर्क दिया कि मथुरा के शरीर पर चोट के कोई निशान नहीं थे। 'अगर उसने बलात्कार से बचने के लिए संघर्ष किया होता, तो उसे कुछ चोटें आतीं। चूंकि उसे कोई चोट नहीं थी, इसलिए यह निष्कर्ष निकाला गया है कि उसने संभोग के लिए सहमति दी थी।'

पूरे देश में महिला संगठनों में आक्रोश फैल गया। सबने यह सवाल उठाया, 'मुत्तम्मा और नंदिनी सत्पथी को न्याय देने वाली अदालत, तुम कहां हो?' दिसंबर,

1983 के बाद से संसद ने बलात्कार से संबंधित प्रावधानों में कई संशोधन किये।

भारत में उच्च न्यायालयों की स्थापना को अब एक सौ पचास वर्ष हो चुके हैं। फिर भी, सन् 1975 में संयुक्त राष्ट्र द्वारा अंतर्राष्ट्रीय महिला वर्ष की घोषणा के बाद ही महिलाओं ने अपनी समस्याओं के समाधान के लिए अदालतों का दरवाज़ा खटखटाना शुरू किया। महिलाओं से संबंधित सामाजिक बुराइयों का पर्दाफाश होना शुरू हो गया, क्योंकि महिलाओं ने अपनी रक्षा के लिए कानूनों को लागू कराना शुरू कर दिया।

पारिवारिक संपत्ति विवाद, वैवाहिक कलह, कार्यस्थल पर समस्याएं, उत्पीड़न और लैंगिक भेदभाव जैसे कई कारणों से महिलाएं अदालत जाने लगीं।

महिलाओं के ख़िलाफ़ हिंसा जारी है। सभी महिलाएं इसके ख़िलाफ़ क्यों नहीं उठतीं और अदालत में अपनी लड़ाई क्यों नहीं लड़तीं? अधिकांश महिलाएं अन्याय का शिकार होती हैं, क्योंकि उन्हें इस सवाल का सामना करना पड़ता है: 'जब हम अपने पति और परिवार का अकेले में सामना करने से डरते हैं, तो हम अदालत जाने के बारे में कैसे सोच सकते हैं?'

अत्यधिक क्रूरता के सामने कुछ महिलाएं ऐसी होती हैं, जो बहादुरी से क़ानून की शरण लेती हैं। पिन्नैयक्कल, तमिलरसि और आसन् बानो जैसी महिलाएं, जिन्होंने अन्याय से लड़ाई लड़ी है और अदालत में जीत हासिल की है, हमारे सामने साहस की मिसाल हैं।

ऐसी ही कुछ निडर महिलाओं की कहानियां यहां बताई जा रही हैं। निडरता की कई गाथाएं सामने न आ पाने के कारण फीकी पड़ गयी हैं। कभी तो उन्हें सामने लाना होगा। उन पाठकों के लिए, जो मेरे द्वारा पारित एक आदेश का पाठ देखना चाहते हैं, प्रत्येक कहानी के अंत में क़ानूनी जर्नलों में मामलों/रिपोर्ट किये गये संदर्भों के प्रासंगिक संदर्भ दिये गये हैं।

गीता हरिहरन को मेरा हार्दिक धन्यवाद और आभार। वह लंबे अरसे से मेरी मित्र हैं। उन्होंने सदाशयता दिखाते हुए मेरे काम और सेवा की सराहना करने के लिए वाक्यांशों के उदार उपयोग के साथ भूमिका लिखी। यही नहीं, उन्होंने इस पुस्तक को निश्चित स्वरूप देने के लिए उपयोगी सुझाव भी दिये। उन्होंने भारतीय लेखक मंच के सलीम युसूफजी और अभिलाषा चट्टोपाध्याय की मूल्यवान सेवाएं प्राप्त करने में भी

मदद की, जिन्होंने मेरी पुस्तक को संपादित करने और इसे वर्तमान आकार में लाने के लिए उत्कृष्ट काम किया। मैं अपने कर्त्तव्य में असफल हो जाऊंगा, यदि मैं अपनी मित्र और न्यायपीठ में सहकर्मी न्यायमूर्ति प्रभा श्रीदेवन का आभार व्यक्त न करूं, जिन्होंने इस पुस्तक के अंग्रेजी संस्करण का सुझाव दिया और पांडुलिपि का पहला मसौदा भी बनाया।

हार के बाद जीत

कलिताई

पुलिस बल जनता के अधिकारों की रक्षा के लिए बनायी गयी एक बाड़ है। लेकिन अगर बाड़ ही नियमों का उल्लंघन करने लगे, तो क्या किया जाए? यह कहानी है कलिताई[1] की, जिन्होंने इस तरह के उल्लंघन के ख़िलाफ़ क़ानूनी लड़ाई लड़ी।

कलिताई और उनके पति मारिसामी कुली के रूप में काम करते थे। वे तमिलनाडु के तिरुनेलवेली जिले के नेल्कट्टुमसेवल गांव में रहते थे। वासुदेवनल्लूर स्टेशन के पुलिस निरीक्षक ने 16 सितंबर 1998 को तीन लोगों – मारिसामी, रामर और मुरुगैया को गिरफ़्तार किया और उन्हें सुबह 9.30 बजे शंकरनकोइल पुलिस स्टेशन ले गये। वे अपनी पूछताछ के लिए वाद लेखक के कमरे में इंतज़ार कर रहे थे। पुलिस ने उनकी गिरफ़्तारी को थाना रजिस्टर में दर्ज नहीं किया था। फिर हुआ यह कि मारिसामी शौचालय गये और वापस नहीं आये।

इंस्पेक्टर थाने से चला गया था। जब वह दोपहर 12 बजे लौटा, तो उसे बताया गया कि मारिसामी शौचालय में मृत पड़ा है। कांस्टेबलों ने कहा कि उसने अपनी लुंगी की गाँठ बनाकर खुद को शौचालय में लटका लिया। चूंकि मौत थाने में हुई थी, इसलिए पुलिस के स्थायी आदेश संख्या 145 के अनुसार तिरुनेलवेली राजस्व मंडल अधिकारी को मामले की सूचना दी गयी। जांच करने के बाद आरडीओ ने 12 मार्च 1999 को एक रिपोर्ट भेजी। इसमें कहा गया था कि चूंकि पुलिस अधिकारियों ने उसे फटकार लगायी थी, इसलिए मारिसामी ने अपमान से दुखी होकर जान दे दी। जिलाधिकारी ने विधिवत यह रिपोर्ट सरकार को भेज दी।

कलिताई ने मद्रास उच्च न्यायालय के मुख्य न्यायाधीश को एक पत्र भेजकर

[1] एम. कलिताई बनाम तमिलनाडु राज्य, 2009 (3) एमएलजे 702 (डीबी)

अपने पति की मृत्यु के लिए न्याय की मांग की। मुख्य न्यायाधीश ने आदेश दिया कि पत्र को एक रिट याचिका के रूप में माना जाए। सरकार को नोटिस जारी किया गया। इस सब से अनजान कलिताई ने राष्ट्रीय मानवाधिकार आयोग (एनएचआरसी) को भी शिकायत भेजी। इसके अलावा उन्होंने 1999 में मारिसामी की मौत के लिए मुआवजे की मांग करते हुए केस दर्ज कराया।

इस बीच, तमिलनाडु सरकार ने आरडीओ की रिपोर्ट की जांच करने के बाद 4 फरवरी 2000 को एक सरकारी आदेश (जीओ) जारी किया। इसमें कहा गया कि मारिसामी ने आत्महत्या कर ली थी, पुलिस ने उसकी गिरफ़्तारी थाने के रजिस्टर में दर्ज नहीं की थी। पुलिस ने हिरासत में लेने के बाद उसे लुंगी में भी रहने दिया; वास्तव में पुलिस ने उसे आत्महत्या करने का मौका दिया। इसने पुलिस को दो चूकों के लिए ज़िम्मेदार ठहराया। इसके अलावा, जीओ ने विजया राघवन (इंस्पेक्टर, वासुदेवनल्लूर), कोट्टईसामि (सब-इंस्पेक्टर), समुतिरवेल (हेड कांस्टेबल), वेंकटचलम और कासीपांडियन (ग्रेड 1 पुलिस कांस्टेबल) और सोलासामी (सहायक स्टेशन लेखक) के ख़िलाफ़ विभागीय जांच शुरू करने का आदेश दिया। इसके बाद तिरुनेलवेली के जिला पुलिस अधीक्षक ने आरोपी पुलिसकर्मियों के ख़िलाफ़ अनुशासनात्मक कार्रवाई की और वेतन में कमी की मामूली सज़ा देकर फाइल को बंद कर दिया।

तमिलनाडु सरकार ने एनएचआरसी को जवाब दिया कि दोषी पुलिसकर्मियों के ख़िलाफ़ कार्रवाई की गयी है। इस तरह सरकार ने एनएचआरसी में आगे की कार्यवाही को रोक दिया। कलिताई को एक और झटका लगना था। उच्च न्यायालय, जिसने उसके पत्र को एक रिट याचिका के रूप में माना था, ने उसके लिए एक क़ानूनी सहायता वकील नियुक्त किया था। जब उसका मामला दायर किये जाने के सात साल बाद आखिरकार 13 जून 2006 को सुनवाई के लिए आया, तो डिवीजन बेंच ने कार्यवाही में वकील की गैर-मौजूदगी के कारण मामले को डिफ़ॉल्ट रूप से ख़ारिज कर दिया। अदालत ने नोट किया:

इसे याचिका मानकर याचिकाकर्ता को कोई नोटिस नहीं भेजा गया। हालांकि

इस न्यायालय के एक अधिवक्ता को न्यायालय की सहायता के लिए न्याय मित्र के रूप में नियुक्त किया गया था। दुर्भाग्य से जब मामला 13.6.2005 को डिवीजन बेंच के सामने आया, तो वह न्याय मित्र पेश नहीं हुए। याचिकाकर्ता को आगे कोई सूचना नहीं दी गयी थी। इसके अलावा, खंडपीठ को याचिकाकर्ता द्वारा स्वयं दायर की गयी रिट याचिका के लंबित होने और 1999 में एक वकील द्वारा मुक़दमा लड़ने के बारे में भी सूचित नहीं किया गया था। ऐसी सूचना के अभाव में खंडपीठ ने अपने आदेश दिनांक 13.6.2005 के तहत याचिका को चूक के लिए ख़ारिज कर दिया।

कलिताई को इसके बारे में कुछ भी पता नहीं था। वह इंसाफ़ की उम्मीद में दस साल से इंतज़ार कर रही थीं। कलिताई ने एक अन्य रिट याचिका 1999 में मुआवज़े के लिए दायर की थी, जो 2009 में एकल न्यायाधीश के समक्ष सुनवाई के लिए आयी। सरकारी वकील ने अदालत को सूचित किया कि चूंकि एक खंडपीठ ने उनके नाम पर दायर मामले को पहले ही ख़ारिज कर दिया था, इसलिए इस कार्यवाही में कोई राहत नहीं दी जा सकती। रिकॉर्ड देखने वाले एकल न्यायाधीश ने देखा कि कलिताई के साथ अन्याय हुआ है और उन्होंने मुख्य न्यायाधीश से मामले को नयी डिवीजन बेंच के समक्ष रखने का अनुरोध किया। इसके तहत मामले को एक अन्य डिवीजन बेंच के समक्ष सूचीबद्ध किया गया। सरकार ने एक जवाबी हलफनामा दायर किया कि चूंकि मारिसामी ने आत्महत्या की थी, इसलिए क़ानून में वर्ष 1998 के शासनादेश के अनुसार कलिताई को मुआवज़ा देने का कोई प्रावधान नहीं है, जो जाति/सांप्रदायिक संघर्षों, पुलिस की प्रताड़ना और पुलिस फायरिंग से मौत और पुलिस द्वारा बलात्कार के मामलों में सरकार द्वारा स्वीकृत एक लाख रुपये की वित्तीय राहत सुनिश्चित करता है।

डिवीजन बेंच की अध्यक्षता जस्टिस पी.के. मिश्रा ने की थी। डिवीजन बेंच ने न केवल सरकारी वकील को कड़ी फटकार लगायी, बल्कि यह भी माना कि पुलिस विभाग ने थाने के रजिस्टर में मारिसामी की गिरफ़्तारी को दर्ज नहीं करने की गलती की थी। उसकी मौत की पूरी ज़िम्मेदारी पुलिस की है, क्योंकि वह हिरासत में मरा था। इसके अलावा, चूंकि तमिलनाडु सरकार ने खुद एक विभागीय जांच की थी, जिसमें

मारिसामी की मौत के लिए पुलिसकर्मियों को ज़िम्मेदार ठहराया गया था, इसलिए बेंच ने फ़ैसला किया कि सरकार को हिरासत में हुई मौत की ज़िम्मेदारी लेनी चाहिए और दो माह में दो लाख रुपये के मुआवजे का भुगतान करना चाहिए। अदालत ने पुलिसकर्मियों को इस बर्ताव के लिए कड़ी फटकार लगाई।

एक मां की कसम

ए. मंगयी की अगुआई में मारप्पाची नामक एक थियेटर समूह ने अप्रैल 2013 में दो नाटकों का मंचन किया था। ये नाटक वाकमूलम (कन्फेशंस) और सुदलईअम्माल वी. गीता द्वारा लिखे गये थे। 1975 और 1977 के बीच आपातकाल के दौरान तमिलनाडु में की गयी ज्यादतियां इन नाटकों का विषय थीं। उत्तरी आरकोट (वर्तमान तिरुवन्नामलाई और वेल्लोर जिले) के एक गांव के श्मशान में एक गार्ड सुदलाईअम्मल लाशों का अंतिम संस्कार मृतकों की गरिमा के अनुरूप करती है। एक दिन एक युवक का शव लेकर कुछ पुलिसकर्मी वहां आये, जिसके शरीर पर चोटें लगी थीं। पुलिसकर्मी चाहते थे कि शव को तुरंत जला दिया जाए। लेकिन मां का दिल मरे हुए नौजवान को पहचान लेता है। उनकी इस चेतावनी पर ध्यान न देते हुए कि वह इस घटना के बारे में किसी को न बताएं, सुदलईअम्माल अंतिम संस्कार करती है। फिर सोने से पहले कुछ पत्रकारों को युवक के बारे में पूरी सच्चाई बताती है। इसी के साथ नाटक समाप्त होता है। रेवती के अभिनय ने सुदलाईअम्मल को दर्शकों के सामने जीवंत कर दिया।

सुदलाईअम्मल एक काल्पनिक चरित्र है। वह सीरालन की सच्ची कहानी बताती है, जिसने आपातकाल के दौरान पुलिस के हाथों अपनी जान गंवा दी थी। तब इस तरह की खूब ज्यादतियां हुई थीं। सुदलाईअम्मल का यह किरदार असल में तीन असली महिलाओं का मेल था। पहली महिला सीरालन की मां बग्गिअम दुरईस्वामी है। बग्गिअम एक गृहिणी है और उसके पति दुरईस्वामी बिजली बोर्ड के कर्मचारी हैं। वे अपने पुत्र सीरालन की हत्या के तीस वर्ष बाद तक न्याय के लिए लड़ते रहे। उनकी क़ानूनी लड़ाई सन् 1976 में शुरू हुई और अगस्त 2006 तक ख़त्म नहीं हुई थी।

दूसरी महिला जया वेलू है। वह सीरालन पर हुए अत्याचार की चश्मदीद गवाह थी। इस डर से कि वे सच बता देंगे, पुलिस विभाग ने गरीब जया और उसके पति वेलू को धमकी दी। उन्होंने दंपती को बेवजह प्रताड़ित किया और एक झूठे मामले में जेल भेज दिया। आज तक जया और वेलू का पता नहीं चल पाया है। तीसरी महिला माइथिली शिवरामन हैं। वह कई गांवों और बस्तियों में गयी और न्याय के लिए अपनी लड़ाई में निर्भीक विरोध प्रदर्शन करते हुए हत्या की जानकारी एकत्र की। वह तत्कालीन राज्यपाल के पास भी गयी और उन्हें ज्ञापन दिया कि राजस्व बोर्ड के एक सदस्य द्वारा जांच की जानी चाहिए। याददाश्त पर उम्र का असर होने से अब उन्हें ये घटनाएं जरा भी याद नहीं हैं। लेकिन उन दिनों आपातकाल के दौरान भारी सेंसरशिप के बावजूद उन्होंने बंबई के इकोनॉमिक एंड पॉलिटिकल वीकली में (24 सितंबर 1977) को 'द मर्डर ऑफ सीरालन' शीर्षक से एक सिहरा देने वाला लेख लिखा था। इस लेख के साथ 1970 के दशक में लिखे उनके कई लेख लेफ्टवर्ड बुक्स ने 'हॉन्टेड बाय फायर' पुस्तक के रूप में प्रकाशित किये हैं। इस पुस्तक का संपादन वी. गीता ने किया है। गीता ने नाटक के मंचन के दिन की चर्चा करते हुए कहा कि वह नाटक माइथिली शिवरामन के लेख पर आधारित था।

आइए, हम सीरालन की मां बग्गिअम दुरईस्वामी द्वारा तीस साल तक लड़ी गयी क़ानूनी लड़ाई की ओर चलें। उत्तरी आरकोट का एक गांव है पोन्नेरी। सन् 1976 में तमिलनाडु सरकार द्वारा कृषि मजदूरों के लिए घोषित न्यूनतम मज़दूरी के भुगतान के लिए वहां के खेतिहर मजदूरों ने आंदोलन किया। सीरालन ने ही खेतिहर मजदूरों को इकट्ठा किया और आंदोलन का नेतृत्व किया। वह बीस साल का भी नहीं था। ज़मींदारों के कहने पर पुलिस ने सीरालन को गिरफ़्तार कर उसे प्रताड़ित किया। उन्होंने मवेशियों के लिए इस्तेमाल किया जाने वाला जूआ सीरालन के गले में डाल दिया और उस पर आरी लगा दी। सीरालन को कोई चिकित्सा सहायता नहीं दी गयी और 11 जनवरी 1977 को वह चल बसा। पुलिस ने एक नयी कहानी गढ़ी कि सीरालन एक नक्सली था और जब पुलिस उसे गिरफ़्तार करने के लिए गयी, तो उसने पुलिस पर हमला कर दिया। पुलिस को आत्मरक्षा में उसे मारने के लिए मजबूर होना पड़ा। शव परीक्षण करने वाले थिरुपथुर उप-कलेक्टर ने पुलिस की बर्बरता की निंदा की। उन्होंने कहा

कि तीन कांस्टेबलों काशीनाथन, रामासामी और शिवलिंगम ने सीरालन को प्रताड़ित किया और मार डाला और इसे छिपाने का प्रयास किया। उनके ख़िलाफ़ कार्रवाई की जानी चाहिए। साथ ही, इसके लिए उन्हें उकसाने वाले निरीक्षक और अधीक्षक के ख़िलाफ़ भी कार्रवाई की जानी चाहिए। छह फरवरी 1977 की इस रिपोर्ट पर कोई कार्रवाई नहीं की गयी। तब एक आईएएस अधिकारी और राजस्व बोर्ड के सदस्य एस.पी. श्रीनिवासन् को मामले की जांच करने के लिए कहा गया। उनकी जांच रिपोर्ट (मई 1977) ने उप-कलेक्टर की फरवरी की रिपोर्ट की पुष्टि की। श्रीनिवासन् ने सिफारिश की कि पुलिसकर्मियों के ख़िलाफ़ आपराधिक कार्रवाई की जानी चाहिए। मामले की सुनवाई वेल्लोर के सत्र न्यायाधीश ने की, जिन्होंने पुलिसकर्मियों की दलील को स्वीकार कर लिया और यह मानते हुए उन्हें बरी कर दिया कि उन्होंने आत्मरक्षा में काम किया था और परिणामस्वरूप सीरालन की मृत्यु हो गयी। सीरालन की मां बग्गिअम ने इसके ख़िलाफ़ पुनरीक्षण याचिका दायर की थी। उसे भी ख़ारिज कर दिया गया था।

निडर बग्गिअम ने सन् 1984 में दूसरा मामला दायर किया, जिसमें हिरासत में मारपीट के लिए राज्य सरकार से मुआवज़े की मांग की गयी थी। यह मामला दस साल बाद सन् 1994 में सुनवाई के लिए आया। मामले की सुनवाई करने वाले न्यायमूर्ति पी.एस. मिश्रा ने कहा कि हालांकि आपराधिक मामला ख़ारिज कर दिया गया था, लेकिन इसे ख़ारिज किया जाना मुआवजे का भुगतान करने से इनकार करने का आधार नहीं हो सकता है। अदालत ने लिखा:

> आपराधिक मुकदमे में अभियुक्तों को इस कारण से बरी नहीं किया जाता है कि अदालत आरोप की सच्चाई से संतुष्ट नहीं है, बल्कि इसलिए कि अभियोजन पक्ष अपने मामले को एक उचित संदेह से परे साबित करने में सक्षम नहीं है। इसीलिए आपराधिक न्यायालयों के निर्णयों को दीवानी न्यायालयों के लिए बाध्यकारी नहीं माना जाता।

फ़ैसले में आगे लिखा था:

मुआवज़े की कार्रवाई आरोपी व्यक्ति की दोषसिद्धि के परिणामस्वरूप उत्पन्न नहीं हुई है। यह एक नागरिक की मौत के कारण उत्पन्न हुई है। आरोप है कि उसकी मौत पुलिस के कारण हुई थी और यदि ऐसा है, तो याचिकाकर्ता को क्षतिपूर्ति करने का दायित्व राज्य सरकार का है।

न्यायमूर्ति मिश्रा ने कहा कि सीरालन पर की गयी हिंसा को आईएएस अधिकारी श्रीनिवासन् द्वारा दायर रिपोर्ट में सूचीबद्ध किया गया था और उनकी सिफारिशों ने आपराधिक मामले का आधार बनाया था। क़ानूनी और नैतिक रूप से राज्य सरकार मुआवज़े का भुगतान करने के लिए बाध्य थी। उन्होंने एक लाख रुपये का मुआवज़ा देने का निर्देश दिया। उन्होंने यह भी कहा कि राशि एक बैंक में जमा की जायेगी और हर महीने कम से कम एक हजार रुपये का मासिक ब्याज बग्गिअम को दिया जाए।[1] फ़ैसला सन् 1994 में आया। तब वह 60 वर्ष की थी। उसने यह कहते हुए अपील दायर की कि मुआवज़ा बहुत कम है। यह मामला मुख्य न्यायाधीश ए.पी. शाह की अध्यक्षता वाली खंडपीठ के समक्ष आया। बेंच ने 11 अगस्त 2006 को अपना फ़ैसला सुनाया।[2] चूंकि बग्गिअम की याचिकाओं में केवल एक लाख रुपये का मुआवज़ा मांगा गया था, इसलिए न्यायाधीश मुआवज़े को बढ़ा नहीं सके। लेकिन चूंकि न्यायमूर्ति मिश्रा के 1994 के आदेश को राज्य सरकार ने लागू नहीं किया था, इसलिए उन्होंने कहा कि 12 साल की देरी के कारण सरकार को मूल राशि के साथ ही इतने वर्षों का ब्याज भी देना होगा। यह अतिरिक्त राशि 2.20 लाख रुपये होगी। तमाम आजमाइशों और दुश्वारियों के ख़िलाफ़ 30 साल का संघर्ष आखिर काम आया और एक मां की जीत हुई।

[1] बग्गिअम दुरईस्वामी बनाम तमिलनाडु राज्य, 1994 (2) एलडब्ल्यू (सीआरएल।) 687

[2] बग्गिअम दुरईस्वामी बनाम तमिलनाडु राज्य, 2005 का डब्ल्यूए नंबर 1929, दिनांक 11.8.2006

असन् बानू

राजा एल्लालन को 'मनुनीति चोलन' भी कहा जाता है। उन्होंने वर्तमान श्रीलंका के अनुराधापुर पर तीसरी से दूसरी शताब्दी ईसा पूर्व के दौरान शासन किया था। उनके बारे में अनेक किंवदंतियां प्रचलित हैं। इन कथाओं में विवादों को निपटाने में उनकी निष्पक्षता झलकती है। ऐसा माना जाता है कि उन्होंने एक बार एक गाय को न्याय दिया था, जिसने शिकायत करने के लिए अराइची मणि (राजा के दरबार के बाहर स्थापित एक विशाल घंटी) बजायी थी कि राजा के बेटे ने उसके बछड़े के ऊपर अपना रथ चढ़ा दिया था। हमारे देश ने चेन्नै के उच्च न्यायालय परिसर में इस राजा की प्रतिमा स्थापित कर उन्हें सम्मानित किया है। क्या हम उसी देश में उस अधिकारी को क्षमा कर सकते हैं, जिसने एक महिला को अदालत में जाने और न्याय मांगने के लिए सताया?

यह है असन् बानू[1] की कहानी।

असन् बानू का पति मदुरै नगर निगम में 'अंतिम श्रेणी का कर्मचारी' था और निगम के एक मकान में अपने परिवार के साथ रहता था। उसकी आकस्मिक मृत्यु पर असन् बानू को अनुकंपा के आधार पर 'उद्यान सेवक' के रूप में नियुक्त किया गया था, लेकिन निगम ने असन् बानू को उस आवास को खाली करने के लिए कहा, जहाँ वह अपने पति के निधन के बाद भी रहती थी। असन् बानू ने चेन्नै उच्च न्यायालय का दरवाज़ा खटखटाया और आवास खाली करने के आदेश पर रोक लगवा दी।

प्रशासन इस बात से नाराज था कि उसने निगम के ख़िलाफ़ अदालत जाने की गुस्ताखी की थी। इसका बदला लेते हुए उसे अस्थायी रूप से निलंबित कर दिया गया और दस आरोपों वाला कारण बताओ नोटिस दिया गया। आरोपों में से एक

[1] आर. असन् बानू बनाम आयुक्त, मदुरै नगर निगम, 2007 (4) एमएलजे 1207

अजीबोगरीब था: उस पर बिना अनुमति के अदालत जाने का आरोप लगाया गया था। उसके ख़िलाफ़ एक अन्य आरोप आयुक्त के आदेश पर सवाल उठाने का था।

इस बार असन् बानू को इस आदेश को चुनौती देने के लिए चेन्नै तक नहीं जाना पड़ा। दरअसल 24 जुलाई 2004 को, पच्चीस साल के संघर्ष के बाद, तमिलनाडु के दक्षिणी जिलों के लोगों के लिए उच्च न्यायालय की मदुरै पीठ का उद्‌घाटन किया गया था। असन् बानू के मामले में हाई कोर्ट ने कमिश्नर को नोटिस जारी करके जवाब मांगा। निगम की ओर से पेश हुए वकील निगम की कार्रवाई को सही नहीं ठहरा सके।

उच्च न्यायालय ने माना कि असन् बानू के ख़िलाफ़ की गयी अनुशासनात्मक कार्रवाई ने संविधान के तहत उसके मौलिक अधिकारों का उल्लंघन किया है; कोई भी स्थानीय प्राधिकारी कर्मचारी अपना अधिकार हासिल करने के लिए अदालत का दरवाज़ा खटखटा सकता है; इसके लिए अनुमति की आवश्यकता नहीं थी। आदेश में कहा गया:

> याचिकाकर्ता ने इस अदालत में आने और अपनी शिकायत का निवारण कराने के अपने संवैधानिक अधिकार का प्रयोग किया था। प्रतिवादी इसे कई आरोप तय करने का बहाना नहीं बना सकते, जिसमें यह आरोप भी शामिल है कि उसने उच्च न्यायालय का रुख किया था और उसे इसके लिए मजबूर किया गया था। इस न्यायालय ने आरोप तय करने में प्रतिवादी के आचरण पर गंभीरता से विचार किया है।

आदेश में यह भी कहा गया कि कर्मचारी को निगम का कारण बताओ नोटिस क़ानूनी प्रक्रिया में बाधा है और न्यायालय के पास आयुक्त को अवमानना करने और उसे दंडित करने की शक्ति है। हालांकि आयुक्त के ख़िलाफ़ अवमानना के लिए कोई व्यक्तिगत कार्रवाई शुरू नहीं की गयी थी, लेकिन अदालत ने बिना किसी औचित्य के 'अंतिम श्रेणी की कर्मचारी' को धमकाने-डराने के लिए और उसे दूसरी बार अदालत का दरवाज़ा खटखटाने के लिए मजबूर कर उसे आर्थिक नुकसान पहुँचाने के लिए 5,000 रुपये का खर्चा अदा करने का आदेश दिया।

आम तौर पर, जब वरिष्ठों, अधिकारियों को ख़र्चा अदा करने का आदेश दिया जाता है, तो वे इसका भुगतान नहीं करना चाहते। इसके लिए वे शिकायतकर्ता को डराने-धमकाने की कोशिश कर सकते हैं। ख़र्चे का भुगतान उसके अंतिम आदेश के अनुसार किया जाना सुनिश्चित करने के लिए अदालत ने मामले को तीन सप्ताह के लिए सूचीबद्ध किया। तब निगम के वकील ने पक्ष रखा कि निगम ने असन् बानू को रकम देने की पेशकश की थी, लेकिन उसने लेने से इनकार कर दिया। अधिकारी ने असन् बानू के नाम का एक चेक दिया है। अदालत ने असन् बानू को पेश होने का आदेश दिया। वह अपने बच्चों के साथ आई, तो उसके चेहरे पर डर साफ़ नजर आ रहा था। उसे आशंका थी कि पैसे लेने पर उसे और ज़्यादा परेशानी होगी।

अदालत ने उसे समझाया कि यह रकम तो मुक़दमा जीतने के बाद दिया गया मुआवज़ा है। अधिकारी इस पर अमल करके ही संविधान के तहत नागरिकों के मौलिक अधिकारों को लागू करेंगे। अदालत ने उससे यह भी कहा कि वह इन पैसों का इस्तेमाल आने वाले रमजान त्योहार में अपने बच्चों के लिए नये कपड़े और मिठाई खरीदने के लिए कर सकती है। इस पर वह पैसे लेने को राजी हो गयी।

उस दिन, उच्च न्यायालय भवन पर भारतीय ध्वज एक नये ग़ौरव के साथ लहराता लग रहा था।

फ़ैसले में कहा गया था कि अदालत को यह सुनिश्चित करने पर गर्व है कि निगम की 'अंतिम श्रेणी की महिला कर्मचारी' के अधिकारों की रक्षा की गयी थी। इसमें यह भी कहा गया कि इस मामले ने मदुरै पीठ की स्थापना को सार्थक किया है।

मालति

मैंने पकाये चावल और सब्ज़ियाँ,
खिड़की से बाहर फैल गया धुआँ,
लेकिन अगर मैं अपनी दहलीज से बाहर कदम रखूं,
तो वे कहें मुझे एक नासपीटी विधवा।
भोजन बनाने के लिए एक चूल्हा है मेरे पास,
खिड़की से पार हो जाती है जिसकी गर्मी,
लेकिन मैं बाहर कहाँ जा सकूं?
वे कहें मुझे एक अभागी विधवा।

इस लोकगीत में एक युवा विधवा का विलाप है।[1]

हमारे देश में विधवाओं के साथ जो अन्याय हुआ है, उसकी कोई सीमा नहीं है। यह कोई ऐसा चलन नहीं है, जो कुछ सदियों पहले ही शुरू हुआ हो। संगम काल (ईसा पूर्व तीसरी शताब्दी से तीसरी शताब्दी ईस्वी तक) से विधवाओं के साथ क्रूरता का व्यवहार किया जाता रहा है। हालांकि इस काल को तमिलों के स्वर्ण युग के रूप में सराहा जाता है।

एक प्राचीन तमिल ग्रंथ पुरा नानूरू में कवि आवूर मूलंकिज़र ने नायक के घर की समृद्धि के नुकसान की तुलना एक ऐसी महिला का सौंदर्य नष्ट होने से की है, जो विधवा होने पर बिना किसी आभूषण के और सिर मुंडाकर रहती है (पद 206)। पुरा नानूरू में ही कवि थयंकन्निअर ने एक नव-विधवा की दयनीय स्थिति का वर्णन किया

[1] आर. मालति बनाम पुलिस महानिदेशक, तमिलनाडु, 2011 (5) सीटीसी 829

है, जिसे अपना सिर मुंडवाना होगा और अपनी चूड़ियाँ निकालनी होंगी (पद 250)।

मनुशास्त्र ने नियम निर्धारित किये हैं, जो बताते हैं कि विधवा क्या कर सकती है और क्या नहीं।

> 5.157. उसकी मर्जी से उसे महज फूलों, जड़ों और फलों पर (जिंदा रहकर) अपने शरीर को कमज़ोर करने दें; परन्तु अपने पति के मरने के बाद वह कभी किसी दूसरे पुरुष का नाम भी न ले।
>
> 5.158 उसे आखिरी सांस तक धैर्य (कठिनाइयों में), आत्म-संयम और पवित्रता से रहने दें, और उस सबसे उत्कृष्ट कर्त्तव्य को पूरा करने में लगा रहने दें, जो उन पत्नियों के लिए (निर्धारित है) जिनका पति है।
>
> [...]
>
> 5.164. पति के प्रति अपने कर्त्तव्य का उल्लंघन करने वाली पत्नी को इस दुनिया में बदनाम किया जाता है, (मृत्यु के बाद) वह एक सियार के गर्भ में प्रवेश करती है और अपने पापों के लिए रोगों से पीड़ित होती (सज़ा भुगतती) है।

मराठी लेखिका ताराबाई शिंदे (1850-1910) ने अपनी पुस्तक 'स्त्री पुरुष तुलना' में महिलाओं के साथ होने वाली क्रूरताओं को सूचीबद्ध किया। उन्होंने पूछा कि शास्त्र और उनके नियम महिलाओं पर आचार के नियमों के विषम अनुपात में बोझ क्यों डालते हैं। उन्होंने इस कहावत पर नाराज़गी व्यक्त की कि एक कुत्ता भी एक विधवा द्वारा खाये गये भोजन को नहीं छुएगा।

हमारे स्वतंत्रता संग्राम से पहले भी, उन्नीसवीं सदी में कई समाज सुधारक सामने आये। उन्होंने आवाज बुलंद की कि हिंदू समाज को विधवाओं के साथ हो रहे अन्याय को दूर करना चाहिए। बंगाल के पंडित ईश्वर चंद्र विद्यासागर, दक्षिण भारत के वीरसालिंगम पंतुलु, महाराष्ट्र के न्यायमूर्ति महादेव गोविंद रानाडे और गुजरात के दयानंद सरस्वती, ऐसे कुछ सुधारकों के नाम हैं। उन्होंने विधवाओं के पुनर्विवाह की सिफ़ारिश की।

स्वतंत्रता के बाद तैयार किया गया संविधान का अनुच्छेद 39-ए घोषित करता

है कि राज्य लिंग की परवाह किये बिना भारतीय नागरिकों के पर्याप्त आजीविका के अधिकार की रक्षा करने के लिए प्रतिबद्ध है। इंदिरा गांधी के प्रधानमंत्री बनने के बाद मौलिक कर्त्तव्यों को पेश करते हुए सन् 1976 में संविधान में संशोधन किया गया था। अनुच्छेद 51-ए (सी) में यह घोषित किया गया है कि महिलाओं की गरिमा के लिए अपमानजनक सभी प्रथाओं को ख़त्म कर दिया जाना चाहिए।

लेकिन सहायक निरीक्षक मालति द्वारा दर्ज किया गया मामला साबित करता है कि इक्कीसवीं सदी में भी विधवाओं के प्रति हमारा रवैया नहीं बदला है। मालति को एक जुलाई 1977 को प्रथम श्रेणी कांस्टेबल के रूप में नियुक्त किया गया था। उन्हें 1986 में हेड कांस्टेबल और 1994 में सहायक निरीक्षक के रूप में पदोन्नत किया गया था। जून 2005 में वह चिकित्सा अवकाश पर चली गयीं। चूंकि उन्होंने 60 दिन से अधिक की छुट्टी के लिए आवेदन किया था, इसलिए उन्हें परीक्षण के लिए मेडिकल बोर्ड भेजा गया था। उनकी जांच करने के बाद बोर्ड ने 22 दिसंबर 2005 तक उनकी छुट्टी मंजूर कर दी। लेकिन उसके बाद भी वह काम पर नहीं जा सकीं। चूंकि उनके पति को दिल का घातक दौरा पड़ा था और वेल्लोर अस्पताल में उनका इलाज चल रहा था, इसलिए उन्होंने अतिरिक्त छुट्टी के लिए आवेदन किया। लेकिन 21 फरवरी 2006 को मालति के पति की मृत्यु हो गयी। अब वह विधवा हो चुकी थीं, इसलिए धार्मिक रीति-रिवाजों के अनुसार उनका बाहरी दुनिया से संपर्क टूट गया। हालांकि पुलिस अधिकारियों को उनके पति की मृत्यु के बारे में पता था, लेकिन उन्होंने उन्हें भगोड़ा घोषित करके सेवा से हटा दिया। मालति ने पुलिस विभाग के प्रमुख के समक्ष एक समीक्षा याचिका की। इसमें कहा गया कि उनके पति की लंबे समय तक इलाज के बाद हृदय रोग से मृत्यु हो गयी थी और चूंकि वह ब्राह्मण समुदाय से हैं, इसलिए रीति-रिवाजों के अनुसार बाहरी दुनिया से उनका संपर्क टूट गया था और वह इन कठिन परिस्थितियों में ड्यूटी पर नहीं लौट पायी थीं। इस स्पष्टीकरण पर विचार किये बिना पुलिस विभाग ने उन्हें दी गयी सज़ा को अनिवार्य सेवानिवृत्ति की सज़ा में बदल दिया और फाइल को बंद कर दिया।

मालति ने अपने पति और अपनी नौकरी, दोनों को खो दिया था, लेकिन उन्होंने हौसला रखते हुए इंसाफ़ के लिए अदालत का दरवाज़ा खटखटाया। उच्च न्यायालय

ने मामले को फाइल पर लेकर संबंधित दस्तावेज तलब किये और उनकी जांच की। उच्च न्यायालय ने कहा कि न केवल विभाग ने जांच के लिए निर्धारित तिथियों पर उपस्थित नहीं होने के लिए मालति के बताये हुए कारणों पर विचार नहीं किया था, बल्कि विभाग ने उनके पति के स्वास्थ्य की स्थिति को स्पष्ट करने वाले उनके पत्र पर भी विचार नहीं किया था। न्यायालय ने आश्चर्य व्यक्त किया कि मालति को उनके पति की मृत्यु के लिए अपनी संवेदना देने के बाद भी विधवाओं के संबंध में धार्मिक और पारंपरिक प्रथाओं के बारे में अधिकारी इस तरह की अज्ञानता कैसे प्रदर्शित कर सकते हैं और मालति को भगोड़ा कैसे घोषित कर सकते हैं। अदालत ने इस पर दुख जताया कि हालांकि हमारे संविधान में घोषित मौलिक कर्त्तव्यों के लिए हमें महिलाओं की गरिमा के ख़िलाफ़ प्रचलित प्रथाओं को छोड़ने की आवश्यकता है, फिर भी समाज में कोई बदलाव नहीं आया है। अदालत ने हिंदू विधवाओं के संबंध में क्रूर सामाजिक इतिहास दर्ज किया।

> याचिकाकर्ता की दुर्दशा को समाज की ओर से विधवा पर थोपे गये अलगाव के एक लंबे इतिहास और कुछ अनिवार्य अनुष्ठानों का पालन करने के प्रथागत कर्त्तव्यों के संदर्भ में देखना होगा। . . . याचिकाकर्ता द्वारा दिये गये स्पष्टीकरण को अधिकारियों द्वारा ख़ारिज नहीं किया जा सकता है। यदि पहला प्रतिवादी वास्तव में उदारता दिखाना चाहता था, तो उसे उसकी अनुपस्थिति के कारण पर ग़ौर करना चाहिए था। वह एक यांत्रिक आदेश पारित नहीं कर सकता था।

फ़ैसले में कहा गया कि भले ही मालति का ड्यूटी पर न आ पाना एक चूक था, मगर विभाग को इस चूक के अनुपात में ही उन्हें सज़ा देनी चाहिए थी न कि उससे बहुत ज़्यादा और गंभीर। फ़ैसले में पुलिस विभाग की कार्रवाई की कड़ी निंदा करते हुए मालति को तत्काल बहाल करने का आदेश दिया गया। विभाग ने इस आदेश को तुरंत लागू कर दिया।

पति को खोने के बाद अपनी लड़ाई लड़ने का मालति का साहस अन्य महिलाओं के लिए प्रेरणा साबित हो सकता है।

मां, ममता और मातृत्व

अमुता

आपके बच्चे नहीं हैं आपके बच्चे ।
वे तो बेटे और बेटियां हैं कामनाओं से भरे संसार के।
वे आपके ज़रिए आते हैं लेकिन आपसे नहीं,
और हालांकि वे आपके साथ हैं फिर भी नहीं हैं वे आपके।

आप उन्हें अपना प्यार दे सकते हैं लेकिन अपने विचार नहीं,
क्योंकि उनके तो अपने विचार हैं।
आप उनके शरीर को साथ रख सकते हैं लेकिन उनकी आत्मा को नहीं,
क्योंकि उनकी आत्मा रहती है कल के संसार में,
जहां पहुंच नहीं सकते आप, सपने में भी नहीं।
आप कर सकते हैं उनके जैसा बनने की कोशिश,
लेकिन न करें उन्हें अपने जैसा बनाने की कोशिश।
क्योंकि जीवन पीछे की ओर नहीं जाता है और न ही रुकता है अतीत में।
आप तो वह धनुष हो जिससे आपके बच्चे छोड़े जाते हैं जिंदा तीरों की तरह।
धनुर्धर के हाथ में आपका झुकना सुखद हो ...

उच्च न्यायालय के सामने आये एक मामले में खलील जिब्रान की इस कविता का हवाला दिया गया था। कई मामलों में यह सवाल उठता है कि क्या आपराधिक मामले में बच्चों से गवाह के रूप में पूछताछ की जा सकती है। सर्वोच्च न्यायालय ने माना है कि उनके साक्ष्य को रिकॉर्ड करने की अनुमति है, बशर्ते नाबालिग को इसे देने के लिए

अनुकूल माहौल बनाया जाए। अमुता[1] ने एक वैवाहिक मामले में यह सवाल उठाते हुए पूछा था कि क्या माता या पिता के पक्ष में सबूत देने के लिए एक बच्चे से पूछा जा सकता है।

अमुता के पति ने सन् 2005 में तलाक की मांग करते हुए उप-न्यायालय, इरोड में उनके ख़िलाफ़ मामला दायर किया था। उनके अनुसार, उनकी पत्नी ने उन्हें छोड़ दिया था और वह चाहते थे कि उनका दस वर्षीय बेटा अरविंद मां के ख़िलाफ़ सबूत पेश करे। वादी के गवाह नंबर 1 के रूप में बच्चे का साक्ष्य नागरिक प्रक्रिया संहिता के अनुसार दायर किया गया था। (क़ानून में अठारह साल से कम उम्र के नाबालिग के लिए शपथपत्र देने का कोई प्रावधान नहीं है।) जब उनका बेटा गवाह के कटघरे में खड़ा था, तो अमुता ने उससे जिरह करने से इनकार कर दिया और कहा कि उसके सबूत फाइल पर नहीं लिए जाएं। विद्वान उप-न्यायाधीश ने कहा कि उसके साक्ष्य दर्ज करने के ख़िलाफ़ कोई क़ानूनी रोक नहीं है। न्यायाधीश ने उनकी आपत्ति को यह कहते हुए ख़ारिज कर दिया कि वह नाबालिग की मानसिक क्षमता से संतुष्ट हैं। अपनी मांग को ख़ारिज करने के इस आदेश के ख़िलाफ़ अमुता ने उच्च न्यायालय में मुक़दमा दायर किया।

हालांकि क़ानून बाल गवाहों को मना नहीं करता है, लेकिन यह एक पेचीदा सवाल है कि क्या वैवाहिक विवादों में गवाह के रूप में उनसे जिरह की जानी चाहिए, क्योंकि बच्चा पिता-माता में से किसी एक से स्थायी रूप से दूर होने वाला होता है। इसीलिए उच्च न्यायालय ने कहा कि बच्चे के साक्ष्य को फाइल पर नहीं लिया जाना चाहिए।

> एक इकरारी बयान पर हस्ताक्षर करने के लिए किसी व्यक्ति, ख़ासकर अगर वह एक बच्चा हो, की क्षमता की ... अनुमति नहीं दी जा सकती क्योंकि बच्चे को इकरार पर हस्ताक्षर करने के लिए सक्षम नहीं कहा जा सकता है। वास्तव में, सामान्य खंड अधिनियम की धारा 3(3) एक हलफनामे को परिभाषित करती है, जो इस प्रकार है: 'शपथपत्र में शपथ लेने के बजाय पुष्टि या घोषणा करने

[1] एस. अमुता बनाम सी. मणिवन्ना भूपति, 2007 (1) एमएलजे 916 = 2007 (2) सीटीसी 97

की अनुमति वाले व्यक्तियों के मामले में इकरार और घोषणा शामिल होगी'।

इस मामले में चूंकि अरविंद अपने पिता के साथ रहता था, इसलिए उसके पिता द्वारा उसे प्रभावित किये और सिखाए जाने की संभावना से इनकार नहीं किया जा सकता था और इन परिस्थितियों में वह एक हलफनामा दाख़िल करने के योग्य नहीं था। क़ानून कहता है कि एक हलफनामा, जो एक शपथपत्र है, केवल अठारह वर्ष से अधिक आयु के व्यक्तियों द्वारा दायर किया जा सकता है। अरविंद की ओर से दायर हलफनामे में उसके जन्म से पहले के तथ्य भी बताये गये थे। इससे इस संदेह की पुष्टि हुई कि वह अपने पिता के नियंत्रण में था। अदालत ने नोट किया:

> वास्तव में, हलफनामा ही स्पष्ट रूप से दिखाता है कि वह इस तथ्य से अवगत था कि उसके पिता तलाक का आवेदन दाख़िल कर रहे थे और इसमें मुख्य रूप से क़ानूनी मिजाज की भाषा का इस्तेमाल किया गया है, जिसकी अपेक्षा एक बच्चे से नहीं की जाती। सुनवाई कर रहे न्यायाधीश द्वारा जिरह के समय बच्चे (11 वर्ष) की मानसिक क्षमता का पता लगाने का तथ्य प्रतिवादी के मामले को और आगे नहीं ले जा सकता।

इसीलिए उच्च न्यायालय ने उप-न्यायालय के आदेश को रद्द कर दिया और अदालत को अरविंद के सबूतों को छोड़कर मामले को आगे बढ़ाने का निर्देश दिया। केवल इस पर ज़ोर देने के लिए खलील जिब्रान की कविता को उद्धृत किया गया था कि बच्चे माता-पिता से पैदा होते हैं, माता-पिता का अपने बच्चों पर आधिपत्य नहीं होता है। अमुता केस हार गयीं। उन्हें अपने बच्चे को देखने की अनुमति नहीं थी। उनकी एकमात्र संतुष्टि यह थी कि उसी शहर में रहकर वह अपने बच्चे को जवान होते हुए देख पा रही थीं। यही उनके लिए दिलासा थी और उनके दिल का दर्द भी।

कलैसेल्वी

क्या मां बनने के लिए किसी को जन्म देना ज़रूरी है? यह आवश्यक नहीं है। बच्चा गोद लेने वाला व्यक्ति समान रूप से माता-पिता होता है। भारतीय दत्तक ग्रहण अधिनियम यही कहता है। हिंदू धर्म भी परिवार आगे बढ़ाने और संपत्ति के उत्तराधिकार के लिए गोद लेने की अनुमति देता है। सन् 1956 का अधिनियम लागू होने से पहले भारत में ब्रिटिश शासन् के दौरान 1890 के संरक्षक और अभिभावकता अधिनियम के तहत राहत दी गयी थी। आवेदन करने पर विधवाओं को उन नाबालिगों के संरक्षक के रूप में नियुक्त किया जाता था, जो भूमि संपत्ति के उत्तराधिकारी थे। हालांकि हिंदू धर्म में एक निःसंतान विधवा को संतान गोद लेने की अनुमति थी, लेकिन औपनिवेशिक शासकों ने राजनीति करते हुए भारतीयों के उत्तराधिकार अधिकारों को मानने से इनकार कर दिया। क़ानून ने हिंदुओं को जैविक माता-पिता या अदालत द्वारा नियुक्त अभिभावक की सहमति से अनाथ बच्चों को गोद लेने की अनुमति दी। सन् 2009 में मद्रास उच्च न्यायालय ने आदेश दिया कि ईसाई जोड़े भी बच्चे गोद ले सकते हैं। किशोर न्याय अधिनियम, 2000 में धारा 41 शामिल है, जो जाति या पंथ के भेदभाव के बिना बच्चा गोद लेने की अनुमति देती है। यदि कोई बच्चे पैदा करने में असमर्थ है और बच्चों को गोद नहीं लेना चाहता है, तो उसके पास सरोगेट मदर की मदद लेने और सरोगेसी के जरिए बच्चे पैदा करने का विकल्प होता है। 19 दिसंबर 2018 को व्यावसायिक सरोगेसी को गैरक़ानूनी घोषित करते हुए सरोगेसी विनियमन विधेयक, 2016 पारित किया गया। इसमें 'परोपकारी' सरोगेसी को परिवार के सदस्यों के लिए सीमित करते हुए एक महिला के लिए पूरे जीवन में एक सरोगेट गर्भावस्था की सीमा निर्धारित की गयी। निषेचित अंडे को सरोगेट मां के गर्भ में प्रत्यारोपित किया

जाता है और जन्म के बाद वह बच्चा निःसंतान दंपती (समलैंगिक, लिव-इन जोड़े और एकल माता-पिता को अधिनियम के लाभों से बाहर रखा जाता है) का हो जाता है। पश्चिमी देशों में क़ानूनी पहचान और बच्चे की स्थिति पर बहुत सारे क़ानून और फ़ैसले हैं, लेकिन हमारी संसद सरोगेसी से पैदा हुए बच्चों के अधिकारों के बारे में एक स्पष्ट क़ानून बनाने के लिए आगे नहीं आई है। कई सामाजिक जटिलताएं हैं, क्योंकि ऐसे बच्चे के उत्तराधिकार के अधिकार और जैविक मां की पहचान के संबंध में कोई क़ानूनी स्पष्टता नहीं है।

सन् 2009 में चेन्नै पोर्ट ट्रस्ट में काम करने वाली एक महिला कलैसेल्वी[1] ने अपने बीस वर्षीय इकलौते बेटे को एक सड़क दुर्घटना में खो दिया। चूंकि वह जैविक रूप से बच्चे पैदा करने में असमर्थ थी, इसलिए चिकित्सकीय सलाह पर सरोगेसी के माध्यम से उसे एक बच्चा हुआ। उसने प्रबंधन से टर्मिनल लाभ और चिकित्सा सुविधा कार्ड प्राप्त करने के लिए बच्चे को उसके उत्तराधिकारी के रूप में नामित करने का अनुरोध किया। विभाग ने क़ानूनी समस्याओं का हवाला देते हुए इनकार कर दिया और कहा कि जब तक केंद्र सरकार क़ानून नहीं बनाती, तब तक कोई राहत नहीं दी जा सकती।

इसके अलावा, अदालत ने प्रतिवादी के कथन का उल्लेख किया:

> यह प्रस्तुत किया जाता है कि क़ानूनी प्रक्रिया के अलावा, नैतिक, सदाचारी, मनोवैज्ञानिक और धार्मिक जैसे अन्य मुद्दे सरोगेसी प्रक्रिया में शामिल हैं। इसीलिए भारत में सरोगेसी से संबंधित जटिल क़ानूनी मुद्दों के समाधान के लिए एक व्यापक क़ानून अब वक्त की ज़रूरत है।

इसके ख़िलाफ़ मां ने उच्च न्यायालय में मुक़दमा किया। उसने तर्क दिया कि सरोगेसी के माध्यम से पैदा हुए बच्चे की असली मां के रूप में वह दत्तक माता-पिता को दिये जाने वाले सभी अधिकारों और लाभों की हकदार है। मद्रास उच्च न्यायालय ने उसे राहत देते हुए आदेश दिया:

[1] के. कलैसेल्वी बनाम चेन्नै पोर्ट ट्रस्ट, 2013 (2) सीटीसी 400 = 2013 (3) एमएलजे 493

> प्रतिवादी चेन्नै पोर्ट ट्रस्ट को निर्देश दिया जाता है कि वह याचिकाकर्ता को सरोगेट प्रक्रिया के माध्यम से प्राप्त बच्चे को मान्यता देने वाले नियम 3-ए के अनुसार छुट्टी प्रदान करे। इसके अलावा, प्रतिवादी को याचिकाकर्ता के परिवार के सदस्य के रूप में बच्चे का नाम शामिल करने के लिए एक निर्देश जारी किया जाता है और उसका नाम भी FMI कार्ड में तुरंत शामिल किया जाए।

जिस समाज ने अंग प्रत्यारोपण को स्वीकार कर लिया है, उसे सरोगेसी से पैदा हुए बच्चों को स्वीकार करने के लिए भी आगे आना चाहिए।

इसके बाद एक अन्य मामले में मुंबई उच्च न्यायालय ने भी ऐसा ही फ़ैसला सुनाया। केंद्र सरकार ने भी अपनी ज़िम्मेदारी समझी और सरकारी कर्मचारियों को सरोगेसी के जरिए बच्चे पैदा करने के लिए छह महीने का गर्भावस्था अवकाश देने की व्यवस्था बनाई।

कडपगम/शर्मिला

भारत तेजी से चीन के साथ प्रतिस्पर्धा कर रहा है, हालांकि उसकी ज़्यादा प्रतिस्पर्धा जनसंख्या वृद्धि में है। अब इस पुराने आशीर्वाद को भुला दिया गया है कि कई बच्चे होने चाहिए, क्योंकि हम लगातार उन सरकारी विज्ञापनों को देखते हैं, जो जोड़ों को एक से अधिक बच्चे पैदा नहीं करने की सलाह देते हैं।

आपातकाल (1975-77) के दौरान संजय गांधी के निर्देश पर उत्तर भारत में कई लोगों की अनिवार्य नसबंदी की गयी थी। यहां तक कि अविवाहित युवक भी उन अधिकारियों से बच नहीं पाये थे, जिन्हें पुरुष नसबंदी का लक्ष्य पूरा करना था। अपने शरीर और प्रजनन क्षमता को नियंत्रित करने की इस कोशिश को पूरी तरह से ख़ारिज करते हुए उत्तर भारत के लोग गुस्से से भर गये और 1977 के चुनाव में इंदिरा कांग्रेस के ख़िलाफ़ मतदान करके उसे हरा दिया। इसमें कोई शक नहीं कि अनिवार्य नसबंदी मानवाधिकारों के ख़िलाफ़ है। प्रजनन के चयन के मामले में सरकार की भूमिका निरंकुश, लेकिन असंगत रही है। उन्नीसवीं सदी में इंग्लैंड में जन्म नियंत्रण का प्रचार करने वाले को कारावास की सज़ा दी जाती थी। सन् 1877 में एनी बेसेंट और चार्ल्स ब्रैडलॉ को परिवार नियोजन को बढ़ावा देने वाले पर्चे बेचने के आरोप में गिरफ़्तार कर लिया गया था। ईश्वर विरोधी दुष्प्रचार करने के लिए उनके ख़िलाफ़ तुरंत एक आपराधिक मामला दर्ज किया गया था। कृत्रिम जन्म नियंत्रण को ईसाई धर्म के विपरीत चलने वाला माना जाता था। अधिकारियों द्वारा समर्थित पारंपरिक मान्यता यह थी कि प्रसव भगवान का एक कार्य है। आयरलैंड में भारतीय मूल की एक महिला सविता हलप्पनवर की सन् 2012 में धार्मिक विश्वास पर आधारित एक क़ानून के कारण मृत्यु हो गयी। इस क़ानून ने उन्हें अपूर्ण गर्भपात के बाद गर्भपात कराने से

रोका था। इस घटना के बाद लोगों में भारी आक्रोश था, जहां एक मां को मरने दिया गया और सारा ध्यान अजन्मे बच्चे को बचाने पर रहा। जनता की राय एकदम बदल गयी और आयरलैंड ने दिसंबर 2018 में गर्भपात को वैध कर दिया।

हमारे देश में स्थिति अलग है। जन्म नियंत्रण प्रचार के साथ-साथ हम कन्या भ्रूण हत्या का व्यापक चलन देखते हैं। अजन्मे बच्चे के लिंग का निर्धारण करने के बाद बड़ी संख्या में गर्भपात कराये जाते हैं। तमिल में एक कहावत है कि पांच बेटियां होने पर शासक भी कंगाल हो जाता है। लिंग निर्धारण केंद्र देश भर में फैले हुए हैं। संसद ने लिंग निर्धारण परीक्षण पर रोक लगाने वाला अधिनियम पारित किया है। फिर भी कन्या भ्रूण हत्या और शिशु हत्या में वृद्धि हुई है। परिणामस्वरूप पुरुष-महिला अनुपात, जो 50:50 होना चाहिए, अब कुछ क्षेत्रों में प्रति 1,000 पुरुषों पर 800 महिलाओं तक घट गया है। शिशु हत्या को रोकने के लिए तमिलनाडु सरकार ने 1992 में पालना शिशु योजना शुरू की। इसकी शुरुआत में कई बच्चियों को गुमनाम रूप से पालने में छोड़ दिया गया था। यह संख्या हाल ही में घटी है। इसका मतलब यह नहीं है कि बच्चियों को मारने की प्रथा बंद हो गयी। आज भी लिंग निर्धारण क्लीनिक लुके-छिपे चलते हैं। यह शायद हमारे ही देश में होता है कि परिचारक सरकारी अस्पतालों में लड़का पैदा होने पर 1,000 रुपये और लड़की पैदा होने पर 500 रुपये की बख्शीश मांगते हैं। कन्या भ्रूण हत्या को रोकने के लिए तमिलनाडु सरकार ने बालिका संरक्षण योजना की घोषणा की। इस योजना के अनुसार, यदि कोई व्यक्ति दो बेटियों के जन्म के बाद नसबंदी के लिए सहमत होता है, तो दोनों में से हर बेटी के नाम बैंक खाते में 15,000 रुपये की राशि डाल दी जाती है। जब लड़की अठारह वर्ष की हो जाती है, तो यह जमा राशि उसके परिवार को ब्याज सहित दी जाती है। अगर दंपती सिर्फ़ एक बेटी के बाद जन्म नियंत्रण की प्रक्रिया से गुजरते हैं, तो उन्हें बोनस मिलता है। तब बेटी के नाम पर 22,000 रुपये जमा कराये जाते हैं। इन दोनों योजनाओं के तहत मां की नसबंदी कराना अनिवार्य है। ऐसा इसलिए है, क्योंकि सरकार लोगों को लड़का होने तक बच्चे पैदा करने के प्रयासों से हतोत्साहित करना चाहती थी।

तिरुविदैमरुथुर में एक महिला कडपगम ने बेटी को जन्म दिया। उसका नाम भुवनेश्वरी रखा गया। दूसरी बच्ची का जन्म एक निजी अस्पताल में हुआ। उसका नाम

जयंती था। कडपगम ने तुरंत नसबंदी करा ली। जब उसने बालिका संरक्षण योजना में शामिल होने के लिए आवेदन किया, तो उसका आवेदन ख़ारिज कर दिया गया। उसे बताया गया कि चूंकि उसने नसबंदी का ऑपरेशन एक निजी अस्पताल में कराया था, इसलिए वह इस योजना में शामिल होने की हकदार नहीं थी।

उसने उच्च न्यायालय में मुक़दमा दायर किया। तमिलनाडु सरकार की योजना की शर्तों में इसका बिलकुल उल्लेख नहीं था कि कि प्रसव या जन्म नियंत्रण के लिए एक निजी अस्पताल में जाने से महिला इस योजना की हकदार नहीं रहेगी। इसीलिए उच्च न्यायालय ने आदेश दिया कि कडपगम को योजना का लाभ मिलना चाहिए।[1]

अदालत ने नोट किया:

> उल्लिखित नियमों में तीसरे प्रतिवादी आयुक्त पंचायत संघ के पास स्वयं किसी भी आवेदन को अस्वीकार करने का कोई अधिकार नहीं है। आवेदक द्वारा प्रस्तुत विवरण जिला समाज कल्याण अधिकारी को व्यक्तिगत रूप से सत्यापित करना होता है। ... याचिकाकर्ता द्वारा दायर किया गया मामला सरकार द्वारा बनायी गयी योजना के अंतर्गत आता है और प्रतिवादी ऐसे किसी कारण से इसे अस्वीकार नहीं कर सकते हैं, जो सरकार के आदेशों के तहत न पाया गया हो।

भारत में राज्य सरकारों ने बड़े परिवारों को हतोत्साहित करने के लिए नये-नये तरीके अपनाये हैं। सन् 1993 में हरियाणा विधायिका ने मौजूदा क़ानून में इस आशय का एक संशोधन किया कि दो से अधिक बच्चों वाला कोई व्यक्ति स्थानीय निकाय के चुनाव के लिए खड़ा नहीं हो सकता। इस कदम के ख़िलाफ़ दायर मामला सन् 2003 में सर्वोच्च न्यायालय द्वारा ख़ारिज कर दिया गया था। उसने इस तर्क को ख़ारिज कर दिया कि एक महिला की गर्भावस्था यौन ज़बरदस्ती का परिणाम हो सकती है; जबकि नये क़ानून ने महिलाओं और पुरुषों को समान रूप से दंडित किया। सर्वोच्च न्यायालय ने कहा:

[1] कडपगम बनाम आयुक्त, समाज कल्याण और पौष्टिक भोजन कार्यक्रम, चेन्नै-5, डब्ल्यू.पी. (एमडी) 2005 का 10503, दिनांक 18.9.2008

हमारे विचार में दो से अधिक जीवित बच्चों के माता या पिता के चुनाव लड़ने के अधिकार की अयोग्यता किसी भी मौलिक अधिकार का उल्लंघन नहीं करती है और न ही यह तर्कसंगतता की सीमा को पार करती है। बल्कि यह राष्ट्रीय हित में अवधारणात्मक रूप से तैयार की गयी अयोग्यता है।

सन् 1980 में सर्वोच्च न्यायालय ने इस नियम को बरकरार रखा था कि प्रशिक्षण अवधि के दौरान एयर होस्टेस को संतान नहीं होनी चाहिए। दोनों निर्णयों में सर्वोच्च न्यायालय ने घोषित किया कि इन नियमों को महिलाओं के स्वास्थ्य के उद्देश्य के रूप में लागू किया गया था।

इसी आधार पर सन् 1997 में तमिलनाडु सरकार ने अधिसूचित किया कि तीसरे बच्चे के जन्म के लिए वेतन सहित छुट्टी नहीं दी जाएगी। सन् 1948 में संयुक्त राष्ट्र महासभा द्वारा अपनायी गयी मानवाधिकारों की सार्वभौम घोषणा में प्रावधान है कि मातृत्व की देखभाल प्राप्त करना एक मौलिक मानवाधिकार है। अंतर्राष्ट्रीय श्रम संगठन ने भी गर्भवती महिलाओं की सुरक्षा के लिए एक प्रस्ताव पारित किया है। इन सम्मेलनों के अनुसार महिलाओं को क़ानूनी संरक्षण न देने वाला एकमात्र देश अमेरिका है। हमारे संविधान का अनुच्छेद 42 मातृत्व से संबंधित राहत प्रदान करता है। सन् 1961 में संसद ने मातृत्व लाभ अधिनियम बनाया। इस अधिनियम की शर्तों के तहत, गर्भवती श्रमिक को प्रसव से छह सप्ताह पहले और प्रसव के छह सप्ताह बाद तक काम करने के लिए नहीं कहा जा सकता है। उसे प्रसव के लिए वेतन के साथ छुट्टी भी दी जानी चाहिए और गर्भवती श्रमिक को प्रसव से पहले काम से नहीं हटाया जा सकता है। चूंकि महिलाओं को आम तौर पर शादी के बाद ही बच्चे होते हैं, इसलिए एक बहुराष्ट्रीय कंपनी फाइजर ने 1960 के दशक की शुरुआत में अनुबंध की शर्तों के अनुसार शादी करते ही महिलाओं को काम से हटाना शुरू कर दिया। ऐसा इसलिए था क्योंकि फाइजर ने सोचा था कि विवाहित महिलाएं बच्चे पैदा करने के लिए अक्सर छुट्टी लेती हैं। औद्योगिक न्यायाधिकरण द्वारा कर्मचारियों की चुनौती को अस्वीकार कर दिया गया था, लेकिन बाद में सर्वोच्च न्यायालय ने उस फ़ैसले को उलट दिया था। सर्वोच्च न्यायालय ने इस प्रथा की आलोचना करते हुए कहा कि मातृत्व

लाभ अधिनियम के अनुसार, भले ही विधवा या अविवाहित लड़कियों को बच्चे हों, अधिनियम के तहत लाभ उन्हें भी दिया जाना चाहिए। सन् 2008 में कोट्टईसामि में एक बीड़ी कंपनी ने दो महिला श्रमिकों को वेतन और छुट्टी देने से सरकार की इस नीति का हवाला देते हुए इनकार कर दिया कि किसी भी परिवार में दो से अधिक बच्चे नहीं होने चाहिए। भद्रकाली और संतमल्लि[2] ने अदालत का दरवाज़ा खटखटाया और यह तर्क देकर राहत पायी कि दो से अधिक बच्चे पैदा करने की सीमा के ख़िलाफ़ क़ानून नहीं बना है। अदालत ने तीसरे प्रतिवादी के विद्वान वकील श्री एम. मुत्तुथुपांडियन के तर्कों पर प्रकाश डाला:

> एमबी [मातृत्व लाभ] अधिनियम एक महिला श्रमिक को मिलने वाले लाभ पर कोई बंधन नहीं लगाता है, चाहे वह दो बार से अधिक प्रसव करती है। सरकार की दो बच्चों की नीति को अधिनियम में नहीं पढ़ा जा सकता है और सरकारी कर्मचारियों पर जो कुछ भी लागू होता है, उसे एमबी अधिनियम के प्रावधानों के तहत आने वाले बीड़ी श्रमिकों पर लागू करने की आवश्यकता नहीं है। सरकारी कर्मचारियों और अन्य कर्मचारियों के बीच अंतर दिखाने के लिए उन्होंने यह भी प्रस्तुत किया कि सरकारी कर्मचारियों को शादी से पहले प्रसव होने पर कोई मातृत्व अवकाश नहीं दिया जाता, जबकि एमबी अधिनियम के तहत आने वाले श्रमिकों के मामले में एक अविवाहिता भी प्रसव के लिए लाभार्थी होने की हकदार है।

अदालत ने आगे दर्ज किया –

> एमबी अधिनियम के तहत महिला कर्मचारी के प्रसवों की संख्या की सीमा तय करने का कोई प्रावधान नहीं है। जब तक एमबी अधिनियम के प्रावधानों के साथ पढ़ा गया संविधान का अनुच्छेद 42 उपलब्ध है, तब तक अधिनियम के दायरे में

[2] एन. मोहम्मद मोहिद्दीन और अन्य बनाम उप श्रम आयुक्त, चेन्नै और अन्य 2008 (5) एमएलजे 6 (एमएडी) = 2008 (3) एलएलजे 362

आने वाली प्रत्येक महिला श्रमिक अपने प्रसवों की संख्या पर बिना किसी सीमा के मातृत्व लाभ का दावा करने की हकदार है।

अगले वर्ष, शर्मिला[3], जो तूत्तुकुडि ब्लॉक विकास कार्यालय में एक प्रशिक्षु शिक्षक थीं, को एक अलग अनुभव हुआ। सरकार ने उन्हें दूसरे प्रसव के लिए मातृत्व लाभ देने से इनकार कर दिया। उनके पहले ही जुड़वां बच्चे थे। सरकार ने कहा कि दूसरा प्रसव वास्तव में उसकी तीसरी संतान थी और वह वेतन सहित छुट्टी पाने की हकदार नहीं हैं। उन्होंने इस फ़ैसले को उच्च न्यायालय में चुनौती दी। उच्च न्यायालय ने मातृत्व लाभ से संबंधित कानूनों के इतिहास और मातृत्व संरक्षण के संबंध में संयुक्त राष्ट्र सम्मेलन का उल्लेख किया और कहा कि यदि सरकार दूसरे प्रसव की रक्षा करना चाहती है, तो इसके कोई मायने नहीं कि यह तीसरा बच्चा था। अदालत ने नोट किया:

> वर्तमान मामले में, यह बताना पर्याप्त है कि यदि राज्य सरकार की मंशा महिला को उसके दूसरे प्रसव के लिए सुरक्षा प्रदान करने की है, तो यह उन दो प्रसवों के दौरान जन्मे उसके बच्चों की संख्या पर आधारित नहीं होनी चाहिए।

शर्मिला ने पूरे वेतन के साथ मातृत्व अवकाश हासिल किया।

हाल ही में, जनवरी 2018 में केंद्र सरकार बच्चों को गोद लेने वाली माताओं और सरोगेसी द्वारा बच्चे प्राप्त करने वाली माताओं को मातृत्व अवकाश देने के लिए आगे आयी। प्रसव और बच्चे की देखभाल के दौरान मदद करने के लिए पिता को छुट्टी देने की भी योजना है। सितंबर 2016 में जयललिता के नेतृत्व वाली तमिलनाडु की अन्नाद्रमुक सरकार ने मातृत्व अवकाश को छह महीने से बढ़ाकर नौ महीने कर दिया था।

[3] जे. शर्मिला बनाम सरकार के सचिव, शिक्षा विभाग और अन्य, डब्ल्यू.पी. (एमडी) 2009 के 13555, दिनांक 19.10.2010

यौन हिंसा का दंश

पोतुम्बु की बच्चियां

जब भारत के पहले प्रधानमंत्री पंडित जवाहरलाल नेहरू से पूछा गया कि अपनी सरकार की कौन सी उपलब्धि को वह सबसे अहम मानते हैं, तो उन्होंने जवाब दिया कि महिलाओं की शिक्षा उनकी सरकार की सबसे महत्त्वपूर्ण उपलब्धि है। वह उन राष्ट्रीय नेताओं में से एक थे, जो मानते थे कि भारत तभी आगे बढ़ेगा जब महिलाएं शिक्षित होंगी। अब हम बहुत सी महिलाओं को शिक्षण संस्थानों में देखते हैं और महिलाएं वास्तव में पुरुषों की तुलना में बेहतर प्रदर्शन करती हैं।

इन तथ्यों के बावजूद जब सन् 2011 में तमिलनाडु के मदुरै के पास पोतुम्बु के ग्रामीणों ने कहा कि वे अपनी बच्चियों को अब स्कूल नहीं भेजेंगे, तो सभी चौंक गये।[1] इसकी वजह तो और भी चौंकाने वाली थी। उन्होंने यह फ़ैसला पोतुम्बु राजकीय हाई स्कूल के प्रधानाध्यापक के पाशविक आचरण के कारण किया था। स्कूल में अपने तीन वर्ष के कार्यकाल में उसने वहां पढ़ने वाली सौ से अधिक लड़कियों का यौन शोषण किया था। जब छोटी बच्चियों ने अपने माता-पिता के साथ अपनी डरावनी कहानियां साझा करना शुरू किया, तो पूरा गांव कांप उठा। ग्रामीणों ने प्रदर्शन किया।

यह सूचना मिलने पर अखिल भारतीय जनवादी महिला संघ (ऐडवा) की अध्यक्ष सुश्री बृंदा करात ने सीधी जांच की और पाया कि ये शिकायतें सही थीं। मदुरै ग्रामीण जिले में एआईडीडब्ल्यूए के जिला सचिव पोन्नुथाई और प्रभावित छात्राओं के माता-पिता ने थाने में शिकायत दर्ज करायी, लेकिन कोई असर नहीं हुआ। प्रधानाध्यापक का एक रिश्तेदार उसी स्कूल में शिक्षक था। अन्य रिश्तेदार पास के स्कूलों में शिक्षक

[1] एम. वीरसामि बनाम तमिलनाडु राज्य, 2012 (3) सीटीसी 641

थे। उन्होंने शिकायतकर्ताओं को धमकाया और प्रभावित छात्राओं के साथ मौखिक रूप से दुर्व्यवहार किया। मदुरै की एक वकील यू. निर्मला रानी की अध्यक्षता में एक तथ्य-खोज समिति पास के गांव में गयी। कुछ छात्राओं ने तब तक अपनी स्कूली शिक्षा पूरी कर ली थी। कुछ की तो शादी भी हो गयी थी। और कुछ को डर था कि अगर उन्होंने सबूत दिया, तो उन्हें परेशानी का सामना करना पड़ सकता है। तथ्य-खोज समिति ने भरसक कोशिश करते हुए छात्राओं, अभिभावकों और शिक्षकों के बीच पड़ताल की। इस समिति की रिपोर्ट ने सबसे पहले प्रधानाध्यापक की भयावहता को पूरी तरह से उजागर किया। इसमें उसके द्वारा किये गये यौन उत्पीड़न और हिंसा को सूचीबद्ध किया गया था। वह बीमार छात्राओं को अपने कमरे में बुलाकर कहता था कि वह उनके ठीक होने के लिए प्रार्थना कर रहा है। इस दौरान वह उनके स्तनों को वहां पर क्रॉस बनाने का दिखावा करते हुए छूता था। वह छात्राओं को अकेले में बुलाकर उन्हें गले लगाता था। कुछ ढूंढ़ने के बहाने वह उनके कपड़ों के अंदर हाथ डाल देता था। उसने कुछ बच्चियों को अपना लिंग पकड़ने के लिए भी मजबूर किया था। वह छोटी लड़कियों को अपनी गोद में बैठने के लिए कहता था और उनसे गंदी बातें करता था। छात्राओं से फर्श पर झाड़ू लगाकर वह झुकी हुई मुद्रा में उनकी तस्वीरें लेता था। इन डरावनी हरकतों को कलमबद्ध करना दुखद है।

पीड़ित लड़कियों में से एक के पिता वीरसामि ने मद्रास उच्च न्यायालय की मदुरै पीठ में मामला दायर किया। उन्होंने अनुरोध किया कि यौन शोषण के इस कांड की जांच के लिए एक विशेष जांच दल का गठन किया जाए और उनकी बेटी को मुआवज़ा दिया जाए। ऐडवा ने इस याचिका में अपना पक्ष रखा था। अदालत ने पहले कदम के रूप में बाल अधिकार संरक्षण अधिनियम के तहत बाल कल्याण समिति को शामिल करने और इस समिति को एक रिपोर्ट दाख़िल करने का निर्देश दिया। बाल कल्याण समिति की रिपोर्ट ने यू. निर्मला रानी की अध्यक्षता वाली तथ्य-खोज समिति द्वारा लगाए आरोपों की पुष्टि की। जब उच्च न्यायालय ने पुलिस विभाग की जांच के अदालत में पेश किये गये दस्तावेज़ देखे, तो वह उससे संतुष्ट नहीं हुआ।

अदालत ने मदुरै जिला पुलिस अधीक्षक को व्यक्तिगत रूप से पेश होने का

आदेश दिया। इस पर पुलिस अधीक्षक श्री असरा गर्ग न्यायालय में उपस्थित हुए। इस दौरान शिक्षा विभाग ने प्रधानाध्यापक को अस्थायी रूप से निलंबित कर दिया था। पुलिस ने उसे गिरफ़्तार कर लिया। चूंकि किसी ने भी ज़मानत देने का पुरज़ोर विरोध नहीं किया, इसलिए उसे छोड़ दिया गया। उसकी सहायता करने वाले एक रिश्तेदार और एक दोस्त का दूर के स्कूलों में तबादला कर दिया गया।

उच्च न्यायालय ने पाया कि दुर्व्यवहार का शिकार हुई कई बच्चियां अनुसूचित जाति समुदाय की थीं। अदालत ने आदेश दिया कि मामला एससी और एसटी (अत्याचार निवारण) अधिनियम, 1989 के तहत दर्ज किया जाए। इसके अलावा, सहायक अधीक्षक के रैंक की एक महिला अधिकारी को नियुक्त किया जाना चाहिए। सरकार एक महिला विशेष लोक अभियोजक की नियुक्ति करे और जिला पुलिस अधीक्षक के सीधे पर्यवेक्षण में जांच की जाए। अदालत ने कहा:

> इस मामले में, ऐसा प्रतीत होता है कि स्कूल के प्रधानाध्यापक ने अनेक स्कूली छात्राओं का यौन शोषण किया, जो अनुसूचित जाति समुदाय की थीं। अगर बच्चियों और उनके माता-पिता की शिकायतें साबित होती हैं, तो आरोपी पर एससी और एसटी (अत्याचार निवारण) अधिनियम, 1989 की धारा 3(1)(xi) और (xii) लगेगी। इसलिए ऐसी परिस्थितियों में जांच पुलिस उपाधीक्षक के पद से नीचे के अधिकारी द्वारा नहीं की जा सकती है। ... इस मामले में एक महिला पुलिस अधिकारी द्वारा जांच की जानी चाहिए, जो पुलिस उपाधीक्षक के पद से नीचे न हो।

उच्च न्यायालय ने आदेश दिया कि प्रभावित लड़कियों को सुरक्षा दी जाए और इस बात का ध्यान रखा जाए कि उनके बयान दर्ज करते समय उन्हें कोई ख़तरा महसूस न हो। अदालत ने निर्देश दिया कि लड़कियों की काउंसलिंग की जाए और चाहे वे एससी हों या गैर-एससी, जिला कलेक्टर को उन्हें नकद मुआवज़ा देना चाहिए। परीक्षण के अंत की प्रतीक्षा किये बिना हर बच्ची को 1.20 लाख रुपये का मुआवज़ा

दिया जाए। मामला दर्ज होते ही विशेष अदालत को मामले की प्रकृति को ध्यान में रखना चाहिए और इसकी सुनवाई तेजी से पूरी करनी चाहिए। लड़कियों के साथ साक्ष्य की रिकॉर्डिंग संवेदनशीलता के साथ की जानी चाहिए, आरोपी शिक्षकों को दूर के स्कूलों में स्थानांतरित किया जाना चाहिए और किसी भी मामले में उन्हें पोतुम्बु स्कूल में नहीं लौटना चाहिए।

अदालत ने व्यापक बाल यौन शोषण को रिकॉर्ड किया और कहा कि इसे दूर करने के लिए कदम उठाए जाने चाहिए। यह भी कहा कि:

> जिला कलेक्टर, मदुरै को इस आदेश के द्वारा इन तीन रिपोर्टों सुश्री यू निर्मल रानी की अध्यक्षता वाली तथ्य खोज टीम रिपोर्ट, ... बाल कल्याण समिति की रिपोर्ट ... और बच्चियों और उनके माता-पिता द्वारा तत्कालीन जांच अधिकारी को दिये गये बयान – के आधार पर पीड़ित लड़कियों की संख्या का पता लगाने और उन नामों की एक [प्रारंभिक] रिपोर्ट तैयार करने का निर्देश दिया जाता है।

फ़ैसले के बाद भी जांच जारी रही। शिकायत करने वाली 24 छात्राओं को पहले चरण में मुआवजे के रूप में 28.80 लाख रुपये दिये गये। फिर भी कई छात्राओं को डर था कि अगर उनकी पहचान हो गयी, तो उन पर कलंक लग सकता है। इसी डर से वे शिकायत करने के लिए आगे नहीं आयीं। कोर्ट ने आदेश दिया:

> और भी पीड़ित छात्राएं हो सकती हैं, जो शिकायत करने के लिए आगे नहीं आयी हों। ऐसे मामले में यदि कोई शिकायत सीधे जिला कलेक्टर से की जाती है, तो उन शिकायतों की सत्यता का पता लगाने के बाद मुआवज़ा देने के लिए वह भी उन शिकायतों पर भी विचार कर सकते हैं और यदि पहली नजर में कोई मामला बनता है, तो न केवल जिला कलेक्टर को मुआवज़ा देना चाहिए, बल्कि उन शिकायतों को आगे की जांच के लिए जांच अधिकारी के पास भेजना चाहिए।

उच्च न्यायालय ने निर्देश दिया कि यदि छात्राएं बाद में भी शिकायत करने के लिए आगे आयीं, तो सत्यापन के बाद उन्हें मुआवज़ा दिया जाए। सरकार ने कुल 66 लाख रुपये मुआवजे के रूप में दिये। इस फ़ैसले के बाद से पोतुम्बु राजकीय हाई स्कूल की स्थिति सामान्य हो गयी है। लड़कियां अब वहां पढ़ने जाती हैं। नेहरू का सपना पूरा होना चाहिए।

‘विशाखा’ ने दिखायी राह

मैंने कुछ लोगों से पूछा, ‘विशाखा कौन है?’ एक ने कहा कि वह तीन घर दूर रहने वाले व्यक्ति की बेटी है। एक अन्य ने कहा कि वे केवल मंदिर उत्सव वैकाशी विशाकम के बारे में जानते हैं। लेकिन मैं जिस विशाखा की बात कर रहा हूं, वह एक एनजीओ है।

विशाखा ने कुछ अन्य सामाजिक कार्यकर्ताओं और संगठनों के साथ मिलकर सर्वोच्च न्यायालय के समक्ष एक मामला दायर किया था। मामले की पृष्ठभूमि यह थी: राजस्थान के एक गांव में सन् 1992 में एक समाजसेवी कार्यकर्ता के साथ क्रूरतापूर्ण सामूहिक बलात्कार किया गया था। यह जनहित याचिका इस आधार पर दायर की गयी थी कि दोषी व्यक्तियों के ख़िलाफ़ आपराधिक कार्रवाई करना ही काफ़ी नहीं है। यह भी आवश्यक है कि कार्यस्थल पर महिलाओं को पर्याप्त सुरक्षा दी जाए। मामले की सुनवायी मुख्य न्यायाधीश जे.एस. वर्मा की अध्यक्षता वाली पीठ ने की। (जस्टिस वर्मा ने बाद में 16 दिसंबर 2012 के दिल्ली सामूहिक बलात्कार के बाद केंद्र सरकार द्वारा गठित समिति की अगुआई की और विस्तृत रिपोर्ट दी। अप्रैल 2013 में उनका निधन हो गया।) दुखद तथ्य यह है कि महिलाओं को कार्यस्थल पर पर्याप्त सुरक्षा नहीं थी। यदि उनके ख़िलाफ़ कोई यौन अपराध होता, तो वे केवल पुलिस के पास जा सकती थीं। यदि उनके वरिष्ठों या सहकर्मियों द्वारा उनका यौन उत्पीड़न किया जाता, तो उनकी रक्षा करने और आरोपियों को ज़िम्मेदार ठहराने के लिए कोई समर्पित और सटीक क़ानून नहीं था। इसके अलावा, अनुशासनात्मक कार्रवाई करने और विभागीय कार्यवाही शुरू करने के लिए कोई नियम नहीं थे। यह भी स्पष्ट नहीं था कि ‘यौन उत्पीड़न’ शब्द का क्या अर्थ है।

विशाखा बनाम राजस्थान सरकार के मामले में सन् 1997 के अपने फ़ैसले के

साथ सर्वोच्च न्यायालय ने इन मुद्दों के संबंध में क़ानून की खामी को दूर कर दिया। सर्वोच्च न्यायालय ने ऐतिहासिक फ़ैसला देते हुए कहा कि संसद जब तक कार्यस्थल पर यौन उत्पीड़न को रोकने के लिए एक उचित क़ानून नहीं बनाती, तब तक यह फ़ैसला क़ानून के रूप में काम करेगा और यह न केवल सरकारी और सार्वजनिक उपक्रमों पर, बल्कि निजी संगठनों पर भी लागू होगा। अदालत ने घोषणा की कि क़ानून में पुरुष और महिलाएं समान हैं और यहां तक कि अंतरराष्ट्रीय सम्मेलनों में भी कहा गया है कि महिलाओं के ख़िलाफ़ कोई भेदभाव नहीं किया जाएगा। इसने संविधान में घोषित मौलिक कर्त्तव्यों की ओर भी इशारा किया, जो एक महिला की गरिमा पर आघात करने वाले व्यवहारों को प्रतिबंधित करता है। सर्वोच्च न्यायालय ने यौन उत्पीड़न को यौन इच्छा से किये जाने वाले अवांछित व्यवहार, शारीरिक संपर्क और यौन स्वरूप के शाब्दिक या गैर शाब्दिक संपर्क, यौन संदर्भ से युक्त टिप्पणी, अश्लील साहित्य दिखाने और यौन संदर्भों के अन्य अवांछित आचरण के रूप में परिभाषित किया। इसमें यह भी कहा गया है कि प्रत्येक नियोक्ता को महिला कर्मचारी के साथ हुए यौन उत्पीड़न की शिकायतों की जांच के लिए एक समिति बनानी चाहिए। इस समिति में बहुसंख्यक महिला सदस्य होनी चाहिए और इसमें किसी गैर सरकारी संगठन की एक महिला प्रतिनिधि भी होनी चाहिए। सर्वोच्च न्यायालय ने आगे कहा कि इस समिति द्वारा दी गयी रिपोर्ट के आधार पर अनुशासनात्मक कार्यवाही शुरू की जानी चाहिए।

हालांकि यह फ़ैसला सन् 1997 में दिया गया था, लेकिन संसद ने 2013 में जाकर नया क़ानून बनाया। तमिलनाडु में सरकारी विभागों, सार्वजनिक क्षेत्र के उपक्रमों और निजी कंपनियों ने ऐसा व्यवहार किया, जैसे उन्होंने विशाखा फ़ैसले के बारे में कभी सुना ही न हो। अब हम देखेंगे कि उच्च न्यायालय ने यौन उत्पीड़न की शिकार महिलाओं की शिकायतों पर किस प्रकार कार्यवाही की। इन महिलाओं के नामों का उल्लेख नहीं किया गया है, क्योंकि वे सेवा में बनी हुई थीं। सन् 2004 में जिला बिजली बोर्ड, तेनि में एक महिला कर्मचारी ने लेखा अधीक्षक के ख़िलाफ़ यौन उत्पीड़न की शिकायत की थी। शिकायत की जांच करने वाली महिला अधिकारी ने शिकायत को सही करार दिया। इसीलिए उन्होंने आगे की कार्रवाई के लिए सिफारिश की। इस सिफारिश के आधार पर अधिकारी का तबादला कर दिया गया। विभागीय

जांच करायी गयी। अधिकारी ने अनुशासनात्मक कार्यवाही को चुनौती दी। लेकिन उच्च न्यायालय ने उसकी याचिका ख़ारिज कर दी। अदालत ने बिजली बोर्ड को अपने आचरण संबंधी नियमों को विशाखा फ़ैसले के अनुरूप बनाने का निर्देश दिया। उच्च न्यायालय[1] ने यह भी कहा कि यौन उत्पीड़न की शिकार महिला अगर एक बार शिकायत समिति के समक्ष साक्ष्य दे चुकी हो, तो उसके लिए विभागीय जांच में फिर से साक्ष्य देना आवश्यक नहीं है।

राज्य परिवहन विभाग, कोयंबटूर में जूनियर-ग्रेड सहायक के रूप में काम करने वाली एक महिला ने सन् 1996 में शिकायत की थी कि एक सहकर्मी ने उसे वेश्या कहकर सार्वजनिक रूप से थप्पड़ मारा था। जांच के बाद उस सहकर्मी को बर्ख़ास्त कर दिया गया। इसके बाद उसके बार-बार अनुरोध करने पर विभाग उसे नये सिरे से नियुक्त करने के लिए सहमत हुआ, लेकिन शुरुआती स्तर पर एक कनिष्ठ लिपिक के रूप में। इसके ख़िलाफ़ वह श्रम न्यायालय में गया। श्रम न्यायालय ने विशाखा के फ़ैसले की अनदेखी करते हुए उसकी सज़ा को असंगत पाया और आदेश दिया कि उसके दुर्व्यवहार के लिए दंड के रूप में एक साल के पिछले वेतन की कटौती के साथ उसे बहाल किया जाए। इसे विभाग ने उच्च न्यायालय में चुनौती दी। उच्च न्यायालय ने श्रम न्यायालय के आदेश को रद्द कर दिया और विशाखा निर्णय के सिद्धांतों के विपरीत कार्य करने के लिए उसे फटकार भी लगायी।[2] इसके आदेश में कहा गया है, श्रम न्यायालय का निर्णय हस्तक्षेप की मांग करता है क्योंकि श्रम न्यायालय ने 'दूसरे प्रतिवादी द्वारा किये गये कदाचार की प्रकृति पर किसी भी चर्चा के बिना चलताऊ तरीके से उसे राहत प्रदान की। इसीलिए याचिका की अनुमति दी जाती है और श्रम न्यायालय का विरोधाभासी निर्णय रद्द किया जाता है।'

त्रिची में, पिता की मृत्यु होने पर अनुकंपा नियुक्ति के आधार पर नियुक्त, मां और तीन भाई-बहनों का भरण-पोषण करने वाली एक जूनियर-ग्रेड सहायक ने सन् 1996 में शिकायत की कि अग्निशमन विभाग के पर्यवेक्षक लगातार उसे अपने साथ

[1] वी. गोविंदराज बनाम अधीक्षक अभियंता, तमिलनाडु विद्युत वितरण मंडल, तेनि और अन्य, डब्ल्यू.पी. (एमडी) 2004 की संख्या 4638, दिनांक 26.07.2007

[2] तमिलनाडु राज्य परिवहन निगम का प्रबंधन बनाम पीठासीन अधिकारी, श्रम न्यायालय, सेलम, डब्ल्यू. पी. 1998 की संख्या 15588, दिनांक 27.1.2009

फिल्म देखने जाने और कार्यालय के समय के बाद अपने कमरे में आने के लिए कहते रहते हैं। विभाग ने उचित जांच करने के लिए विशाखा समिति का गठन नहीं किया था। उसने महिला शिकायतकर्ता के ख़िलाफ़ अनुशासनात्मक कार्यवाही शुरू की और उसका एक साल का वेतन काटने का आदेश दिया।

इसे उच्च न्यायालय के समक्ष चुनौती दी गयी और न्यायालय ने उचित जांच नहीं करने के लिए विभाग को कड़ी फटकार लगाते हुए उसके आदेश को रद्द कर दिया। विभाग को विशाखा समिति बनाकर शिकायत पर ग़ौर करने का निर्देश भी दिया।[3] अदालत ने नोट किया: 'यह एक क्लासिक मामला है, जहां शिकायतकर्ता आरोपी बन गया और आरोपी शिकायतकर्ता बन गया।'

अदालत ने अपैरल एक्सपोर्ट प्रमोशन काउंसिल बनाम ए.के. चोपड़ा (1999) के मामले पर ध्यान आकर्षित किया, जिसमें कहा गया था कि 'महिलाओं के ख़िलाफ़ भेदभाव के सभी रूपों के उन्मूलन सम्मेलन (सीईडीएडब्ल्यू), 1979 और सभी सरकारों को स्त्रियों के साथ सभी प्रकार के भेदभाव रोकने के लिए उचित उपाय करने तथा उनके सम्मान और मर्यादा की रक्षा के लिए कदम उठाने के निर्देश देने वाले बीजिंग घोषणापत्र जैसी अंतरराष्ट्रीय व्यवस्थाओं के संदेश बुलंद और स्पष्ट हैं।' इन्हें ध्यान में रखते हुए अदालत ने आदेश दिया:

> याचिकाकर्ता द्वारा की गयी शिकायत को हल्के ढंग से ख़ारिज नहीं किया जा सकता है, जैसा कि प्रतिवादियों ने किया है। अत: प्रतिवादियों को विशाखा मामले के अनुसार एक समिति गठित करने का निर्देश दिया जाता है। ... चूंकि प्रतिवादियों ने शिकायतकर्ता को आरोपी बनाकर प्रक्रिया को विकृत किया है, इसलिए याचिकाकर्ता को सज़ा का आदेश रद्द किया जाता है।

कूड़ल्लूर श्रम विभाग में टाइपिस्ट के रूप में काम करने वाली एक महिला ने शिकायत की कि एक सहकर्मी अनुचित तरीके से व्यवहार कर रहा है और सार्वजनिक रूप से उसका यौन शोषण कर रहा है। अधिकारियों ने इसकी जांच के लिए विशाखा

[3] एस. चित्रा बनाम अग्निशमन सेवा निदेशक, डब्ल्यू.पी. 2006 की संख्या 37598, दिनांक 30.09.2009

कमेटी नहीं बनायी, इसके बजाय, सन् 1999 में उन्होंने शिकायतकर्ता के ख़िलाफ़ एक विभागीय जांच की, उसकी वार्षिक वेतन वृद्धि को रद्द कर दिया और कूड़ल्लूर से इस आधार पर उसका तबादला कर दिया कि वह समस्या पैदा कर रही है। उसने इस फ़ैसले को उच्च न्यायालय में चुनौती दी। उच्च न्यायालय ने इस बारे में श्रम विभाग से सवाल किया, जिसने विशाखा मामले का पालन नहीं करने के लिए निजी संगठनों के ख़िलाफ़ कार्रवाई करने के बजाय विशाखा सिद्धांतों का पूर्ण उल्लंघन किया था। अदालत ने आगे लिखा:

> जब शिकायत के बाद जवाबी शिकायत हो और जवाबी शिकायत यौन उत्पीड़न के मुद्दे को उठाए, तो विशाखा के मामले में सर्वोच्च न्यायालय द्वारा जारी दिशानिर्देशों के अनुसार जांच करना प्रतिवादियों का बाध्यकारी कर्त्तव्य है। उनके लिए यह कहना उचित नहीं है कि उसकी शिकायत एक सोची-समझी साजिश थी या यह [पहले की] शिकायत का जवाबी हमला था।

विशाखा मामले के अनुसार, उच्च न्यायालय ने सज़ा को रद्द कर दिया और पुरुष कर्मचारी के ख़िलाफ़ जांच का निर्देश दिया।[4]

होसुर में एक निजी कंपनी में जो हुआ, वह तो अजीब ही था। एक महिला कर्मचारी को तत्काल घर पहुंचना था और इसके लिए उसने एक पुरुष कर्मचारी से लिफ्ट मांगी। इस अवसर का दुरुपयोग करते हुए, उस व्यक्ति ने उसके साथ अनुचित व्यवहार किया, जबकि वह स्कूटर भी चला रहा था। वह श्रमिक संघ में एक रौबदार व्यक्ति था। नियोक्ता ने महिला की शिकायत पर ग़ौर किया और पुरुष कर्मचारी के ख़िलाफ़ अनुशासनात्मक कार्यवाही शुरू की। अपराध सिद्ध होने पर उसे सेवा से हटा दिया गया। इस पर वह श्रम न्यायालय गया। श्रम न्यायालय ने बिना सबूतों को ठीक से समझे उसे पिछले वेतन के साथ बहाल करने का आदेश दिया। प्रबंधन उच्च न्यायालय में गया। पुरुष कर्मचारी ने तर्क दिया कि प्रबंधन उसकी यूनियन गतिविधियों

[4] श्रीमती वी. बरनी बनाम श्रम निरीक्षक, डब्ल्यू.पी. 2007 की संख्या 6755 और 6756, दिनांक 05.04.2010

के कारण उसके ख़िलाफ़ बदनीयती से काम कर रहा है और शिकायतकर्ता उनके हाथों की कठपुतली मात्र थी। लेकिन उच्च न्यायालय ने विभागीय जांच के दौरान महिला शिकायतकर्ता के स्पष्ट साक्ष्य को ध्यान में रखते हुए श्रम न्यायालय के फ़ैसले को रद्द कर दिया।[5] अदालत ने यह भी रेखांकित किया:

> यह न्यायालय श्रम न्यायालय के रुख को सही नहीं मानता और श्रम न्यायालय का निर्णय हस्तक्षेप किये जाने के लायक है। जब कर्मचारी के ख़िलाफ़ दिये गये सबूत पूरी तरह से संतोषजनक हैं, तो सज़ा की मात्रा में हस्तक्षेप करने की कोई आवश्यकता नहीं है। कदाचार की जांच के निष्कर्ष और सज़ा की आनुपातिकता के उचित होने के कारण किसी भी हस्तक्षेप की आवश्यकता नहीं है।

इरोड बिजली बोर्ड ने एक महिला कर्मचारी के ख़िलाफ़ जांच का आदेश दिया, जिसमें कहा गया था कि कुछ अधिकारियों के ख़िलाफ़ यौन उत्पीड़न की उसकी शिकायत झूठी थी। मद्रास उच्च न्यायालय ने वी. गोविंदराज बनाम अधीक्षक अभियंता, तमिलनाडु विद्युत वितरण मंडल, तेनि और अन्य के मामले (2007) में कहा कि अगर शिकायतकर्ता के ख़िलाफ़ कार्रवाई की जाती है, तो यह महिलाओं को शिकायत करने से हतोत्साहित करेगा और इस तरह की कार्रवाई से महिला कर्मचारियों के अधिकारों का उल्लंघन होता है। अदालत ने महिला के ख़िलाफ़ विभाग द्वारा की गयी शिकायत को ख़ारिज कर दिया।

आप देख सकते हैं कि विशाखा फ़ैसले के आधार पर तरह-तरह के मामले उच्च न्यायालय में आते रहते हैं। यदि आप ऊपर बताये गये मामलों को देखें, तो आप पाएंगे कि उनमें से अधिकांश में कोई महिला यौन उत्पीड़न की शिकायत करती है और अन्य सभी कर्मचारी एकजुट होकर उसके ख़िलाफ़ हो जाते हैं और उसी को दोषी ठहरा देते हैं।

सन् 2013 में संसद द्वारा अधिनियमित नये क़ानून – कार्यस्थल पर महिलाओं

[5] हिर्श वॉच स्ट्रैप्स (प्रा.) लिमिटेड का प्रबंधन, होसुर बनाम पीठासीन अधिकारी, श्रम न्यायालय, सेलम, डब्ल्यू.पी. 2003 की संख्या 37091, दिनांक 07.06.2011

का यौन उत्पीड़न (रोकथाम, निषेध और निवारण) अधिनियम, 2013 – से कुछ बदलाव जरूर आया है। इसमें शिकायत समिति के निर्णय के विरुद्ध अधिकरण के समक्ष अपील का प्रावधान है। शिकायतकर्ताओं के लिए समझौता करने और झूठी शिकायत करने वाले व्यक्तियों के ख़िलाफ़ कार्रवाई करने के प्रावधान भी हैं। इस नये क़ानून के तहत केवल कर्मचारी ही शिकायत नहीं कर सकती हैं। यह क़ानून उन महिलाओं पर भी लागू होता है, जो अनुबंधित रोजगार के अधीन हैं और जो रोजगार की तलाश में कार्यस्थल पर आती हैं। यह स्वागतयोग्य समाचार है कि इस क़ानून ने विशाखा फ़ैसले का दायरा बढ़ाया है और झूठे शिकायतकर्ताओं को चेतावनी भी दी है।

मरने से पहले दिया बयान महत्त्वपूर्ण

हर साल कूवागम उत्सव में हम ट्रांसवुमन (अरवणियों या किन्नरों) को अरवान देवता की प्रतिमा के सामने अपने गले में पहने धागे या चेन यानी थाली या मंगलसूत्र को हटाते हुए देखते हैं – जो एक महिला के विवाहित होने का प्रतीक है। इस तरह वे देवता अरवान की मृत्यु का शोक विधवा के रूप में मनाती हैं। अब हम एक अरवणी की मौत की कहानी और उस क्रूरता को देखेंगे, जिसका सामना किन्नर समुदाय करता है।[1]

पांडियन चेन्नै जिले के व्यासरपाडि में एक सब्ज़ी की दुकान में सहायक के रूप में काम करता था। उसका एक मित्र था, जिसका नाम सरनराज था। पुलिस एक मई 2006 को पांडियन के घर एक चोरी के सिलसिले में सरनराज की तलाश करने का दावा करते हुए पहुंची। वे पांडियन को पूछताछ के लिए पुलिस स्टेशन ले गये। उसके परिवार को बताया गया कि सरनराज का ठौर-ठिकाना पता चलने के बाद पांडियन को छोड़ दिया जाएगा। एग्मोर मजिस्ट्रेट की अदालत ने उसे चार दिन की पुलिस हिरासत में भेज दिया। चूंकि उसे एक चोरी के मामले में एक आरोपी के रूप में दिखाया गया था, अदालत ने उसे और पंद्रह दिन के लिए न्यायिक हिरासत देकर चेन्नै सेंट्रल जेल भेज दिया। यहीं से पांडियन अरवणी की त्रासदी शुरू हुई थी।

जैसे ही पांडियन जेल में पहुंचा, कुछ कैदी उससे बेतहाशा यौन दुराचार करने लगे। उन्होंने कई दिनों तक उसके साथ दुष्कर्म किया। पांडियन दर्द से कराहता रहा। उसने जेल में मिलने आयी अपनी बहन जयलक्ष्मी से ख़र्च की परवाह किये बिना उसे

[1] जयलक्ष्मी बनाम तमिलनाडु राज्य, 2007 (2) एमएलजे (सीआरएल।) 453 मैड। = 2007 (4) एमएलजे 849

ज़मानत पर रिहा कराने की मिन्नत की। अपने भाई (या बहन, जैसा कि पांडियन खुद को कहता था) से हुई यौन हिंसा के बारे में सुनकर अठारह वर्ष से भी कम उम्र की जयलक्ष्मी ने बड़ी रकम उधार लेकर वकील को दी। आख़िर उसे 19 मई 2006 को ज़मानत मिल गयी। मजिस्ट्रेट ने पांडियन को इस शर्त पर रिहा किया कि वह रोज सुबह 10 बजे व्यासरपाडि पुलिस स्टेशन में हाज़िरी देकर एक रजिस्टर में अपनी उपस्थिति का हस्ताक्षर करेगा।

अब पांडियन की यातना का दूसरा अध्याय शुरू हुआ। पंद्रह दिन तक जेल में यौन हिंसा झेलने के बाद उसके साथ व्यासरपाडि पुलिस स्टेशन में पुलिसकर्मियों ने वही सब दोहराया। एक पुलिस कांस्टेबल रोज सुबह 8 बजे पांडियन को उठा लेता था। उसे रात 11 बजे तक थाने में रखा जाता और उसके साथ बेरहमी से दुष्कर्म किया जाता। जब उसकी मां ने देखा कि पांडियन थाने से बहुत देर से और लस्त-पस्त होकर लौटता है, तो उसने इसका कारण जानना चाहा। लेकिन उसने टाल दिया। उसने इस बारे में अपनी बहन जयलक्ष्मी से बात की और उसे बताया कि उसे दिन-ब-दिन किस तरह परेशान किया जा रहा है। उसकी मां शिकायत करने थाने गयी, तो उसके साथ मारपीट की गयी।

यौन हिंसा को सहन करने में असमर्थ पांडियन दो दिन तक थाने नहीं गया। हालांकि पुलिसकर्मियों ने उसकी ज़मानत रद्द कराने और वापस जेल भेजने की धमकी देते हुए उसे फिर थाने आने के लिए मजबूर कर दिया। अपने सामने आने वाले दो नरकों के बीच फ़ैसला करने में असमर्थ पांडियन ने अपनी जान लेने का फ़ैसला किया। वह 12 जून 2006 को मिट्टी का तेल लेकर थाने गया और अपने ऊपर छिड़ककर आग लगा ली। उसे स्टेनली अस्पताल में पैंतीस प्रतिशत जली हुई हालत में भर्ती कराया गया। फिर उसे किलपौक अस्पताल के बर्न्स डिपार्टमेंट भेजा गया। उसे प्रताड़ित करके भी संतुष्ट न होने पर पुलिस ने उसके ख़िलाफ़ दूसरा मामला दर्ज किया, इस बार आत्महत्या के प्रयास का आरोप लगाया। पुलिस ने अस्पताल में जाकर पांडियन से कोरे काग़ज़ पर दस्तख़त कराने की कोशिश की। हालांकि मेडिकल स्टाफ ने पुलिस वालों को भगा दिया। सत्रह दिन के इलाज के बाद 29 जून 2006 को पांडियन की मृत्यु हो गयी। जब वह मर रहा था, तब 23वें मेट्रोपॉलिटन मजिस्ट्रेट

ने चिकित्सा अधिकारी के अनुरोध पर पांडियन की मृत्यु से पहले बयान दर्ज किया। अदालत ने उद्धृत किया:

> मेट्रोपॉलिटन मजिस्ट्रेट, जिनसे गवाह संख्या 23 के रूप में जिरह की गयी थी, द्वारा उसके मरने से पहले दर्ज किया गया बयान स्पष्ट रूप से दर्शाता है कि पांडियन ने मजिस्ट्रेट के समक्ष इस आशय का बयान दिया कि पिछले एक महीने से उसे पुलिस द्वारा परेशान किया जा रहा था। यह भी देखा गया है कि मृत्युपूर्व बयान में उसने कहा है कि पुलिस ने उसे धमकी दी थी कि उसके ख़िलाफ़ झूठा मामला दर्ज किया जाएगा और [उन्होंने] उसे पूछताछ करके भी परेशान किया था ... और इसी वजह से उसने मिट्टी का तेल छिड़कने के बाद आग लगाकर आत्महत्या कर ली।

आम तौर पर किसी व्यक्ति द्वारा मृत्यु के समय दिये गये बयान को सच माना जाता है, क्योंकि उस समय कोई भी झूठ नहीं बोलता। भारतीय साक्ष्य अधिनियम ऐसी घोषणा को स्वीकार्य साक्ष्य मानता है। अब हम देखेंगे कि पांडियन का बयान कितना महत्त्वपूर्ण था। पांडियन से किये गये यौन दुराचार या ख़ुद को आग लगाने की कोशिश के बारे में सबूत देने के लिए कोई भी आगे नहीं आया। सच बोलने के लिए किसी के भी कदम नहीं बढ़े। नवंबर 2006 में जयलक्ष्मी ने पांडियन की मौत के लिए मुआवज़े और कांस्टेबल कुमार, रवि, संपत, इंस्पेक्टर चिन्ना पांडियन, तिरुनावुक्करसु और स्टेशन लेखक राजेंद्रन के ख़िलाफ़ कार्रवाई शुरू करने के लिए एक मामला दर्ज किया। खंडपीठ ने याचिका को स्वीकार कर लिया और सरकार से अपना जवाब दाख़िल करने को कहा। 10 नवंबर 2006 को 'नवीन नेट्रिक्कण' पत्रिका ने पांडियन के एक ट्रांसजेंडर व्यक्ति होने के कारण पुलिस स्टेशन में हुई हिंसा पर एक रिपोर्ट प्रकाशित की। चूंकि पत्रिका में कहा गया था कि पुलिस विभाग मृत्यु से पहले की घोषणा को दबाने की कोशिश कर रहा था, इसलिए उच्च न्यायालय ने संपादक को वह विवरण दाख़िल करने का निर्देश दिया, जो उन्हें मालूम थे। पुलिस विभाग ने जान-बूझकर दमन करने के आरोप का खंडन किया। उसने तो यह कहा कि ऐसी कोई

घटना हुई ही नहीं थी। चूंकि विरोधाभासी बयान दाख़िल किये गये थे, इसलिए उच्च न्यायालय ने जिला न्यायाधीश द्वारा जांच का आदेश दिया। उच्च न्यायालय रजिस्ट्रार (सतर्कता) सेल्वी माला (जो बाद में मद्रास उच्च न्यायालय की न्यायाधीश बनीं) को जांच अधिकारी नियुक्त किया गया। छियालीस गवाहों के साक्ष्य दर्ज करने के बाद उन्होंने 16 फरवरी 2007 को अपनी रिपोर्ट दाख़िल की। रिपोर्ट में कहा गया कि पांडियन ने पुलिसकर्मियों द्वारा की गयी यौन हिंसा के कारण पुलिस परिसर में अपनी जान दी थी। उचित जांच के बाद उच्च न्यायालय ने 10 जुलाई 2007 को अपना फ़ैसला सुनाया। इसने माना कि यौन हिंसा साबित हो गयी थी। अदालत ने नोट किया:

> यह दिखाने के लिए काफी सबूत हैं कि प्रतिवादी संख्या 4 से 8 ने वास्तव में याचिकाकर्ता के भाई पांडियन के शरीर पर भारी अमानवीय हिंसा की है, जो न केवल मानव अधिकार का उल्लंघन है, बल्कि पुलिसकर्मियों जैसे प्रतिवादियों से अपेक्षित भी नहीं है, जो जनता के हितों की रक्षा करने वाले हैं।

इसने सरकार को पांच पुलिसकर्मियों के ख़िलाफ़ विभागीय जांच शुरू करने और मृतक पांडियन के परिवार को 5 लाख रुपये का मुआवज़ा देने का निर्देश दिया। मुआवज़ा राज्य सरकार को देना था। अदालत ने पुलिसकर्मियों के वेतन से राशि काटने का अधिकार राज्य सरकार पर छोड़ दिया। आखिर मजिस्ट्रेट द्वारा दर्ज किये गये मृत्यु-पूर्व बयान ने मामले को साबित करने में बहुत मदद की। 18 नवंबर को शुरू हुई क़ानूनी कार्यवाही आठ महीने बाद जुलाई 2007 में पूरी हुई। इसके लिए उच्च न्यायालय को बधाई दी जानी चाहिए। इस फ़ैसले में सर्वोच्च न्यायालय के दो महत्त्वपूर्ण फ़ैसले भी उद्धृत किये गये।

1) रुदुल साह बनाम बिहार राज्य (1983):

संप्रभु प्रतिरक्षा की रक्षा अनुपयुक्त होने और मौलिक अधिकारों की गारंटी की अवधारणा से अलग होने के कारण संवैधानिक उपचार में इस तरह की रक्षा उपलब्ध होने का कोई सवाल ही नहीं हो सकता है।

यह सरकारी कर्मचारियों द्वारा उनके काम के दौरान किये गये एक अधिनियम के संबंध में रक्षा के रूप में दावा किये गये संप्रभु उन्मुक्ति के सिद्धांत से निपटने के लिए था।

2) मुंशी सिंह गौतम (मृत) और अन्य बनाम मध्य प्रदेश राज्य (2005): अदालतों को इस तथ्य पर ध्यान नहीं देना चाहिए कि क़ानून के शासन् द्वारा शासित सभ्य समाज में पुलिस हिरासत में मौत शायद सबसे ख़राब प्रकार के अपराधों में से एक है, और एक व्यवस्थित सभ्य समाज के लिए एक गंभीर ख़तरा है। हिरासत में यातना भारतीय संविधान द्वारा मान्यता प्राप्त नागरिकों के मूल अधिकारों और मानवीय गरिमा का हनन है।

अस्पताल के कर्मचारियों और डॉक्टरों की सराहना की जानी चाहिए, जिन्होंने मामले को कमज़ोर करने का प्रयास करने वाले पुलिसकर्मियों को विफल करने के लिए सतर्कता और निष्ठा के साथ काम किया। अब जबकि राज्य ने उन अरवणियों के पुनर्वास के लिए कदम उठाये हैं, जिनका लिंग परिवर्तन ऑपरेशन हुआ है, हमारे समाज को उनके द्वारा झेली जाने वाली यौन हिंसा के बारे में सोचना चाहिए। यह पीड़ा साल-दर-साल कूवागम में इकट्ठा होने वाली भीड़ से प्रतिध्वनित होती है।

धार्मिकता और धर्म के पालन का अधिकार

पिन्नैयक्कल

ईश्वर नर भी है और नारी भी, लेकिन क्या ऐसा कोई आदेश है कि केवल पुरुष पुजारियों को देवताओं की पूजा करनी चाहिए?

हम पिन्नैयक्कल की कहानी पर नजर डालें, जिन्होंने पूजा करने के इस अधिकार के लिए लड़ाई लड़ी, इस प्रक्रिया में अपने परिवार, अपने लोगों और पूरे गांव का विरोध सहा।[1]

नल्लुदेवनपट्टि तमिलनाडु के मदुरै जिले के उसिलमपट्टि तालुक का एक छोटा सा गांव है। पिन्ना थेवर दुर्गा देवी मंदिर के पुजारी थे। यह मंदिर पीढ़ियों से उनके परिवार की देख-रेख में रहा है। सन् 2004 में पुजारी पिन्ना थेवर ने अपनी इकलौती संतान पिन्नैयक्कल से कहा कि अब मंदिर में पूजा करना तुम्हारी ज़िम्मेदारी है। बचपन से ही वह पूजा के दौरान हमेशा अपने पिता के साथ रही थी और उसने संस्कारों और अनुष्ठानों को अच्छी तरह से सीख रखा था। समस्या नवंबर 2006 में उसके पिता की मृत्यु के बाद शुरू हुई। पिन्ना थेवर के भाई गुरुनाथन के बेटों ने ज़ोर देकर कहा कि केवल पुरुष ही अगला पुजारी हो सकता है और पिन्ना थेवर के पुरुष वंशजों के रूप में यह अधिकार उनका है। उन्होंने पिन्नैयक्कल का यह कहते हुए विरोध किया कि उसे मंदिर की पुजारी होने का कोई अधिकार नहीं है। पिन्नैयक्कल ने उसिलमपट्टि मुंसिफ कोर्ट में मामला दायर कर दिया।

इस मामले में मुक़दमा चल ही रहा था, लेकिन एक महिला के पुजारी बनने के अधिकार के सवाल पर पूरा गांव युद्ध के मैदान में बदल गया। स्थिति इतनी खराब हो गयी कि उसिलमपट्टि के तहसीलदार को बीच-बचाव करना पड़ा। ग्राम प्रधानों की

[1] पिन्नैयक्कल बनाम जिला कलेक्टर, मदुरै जिला, 2008 (3) टीएलएनजे 640 (सिविल)

अध्यक्षता में ग्राम सभा का आयोजन किया गया। निष्कर्ष यह था – '89 प्रतिशत ग्रामीणों ने सहमति व्यक्त की है कि पिन्नैयक्कल का चचेरा भाई पुजारी होगा। यह तीन नगर पालिकाओं वडुगपट्टि, नल्लुदेवनपट्टि और पोत्तमपट्टी में रहने वाले गांव के लोगों, पुथथुर नालुकराइवागरिया के प्रतिनिधियों द्वारा बनाई गयी आम सहमति है।'

राजस्व अधिकारियों को सार्वजनिक शांति और व्यवस्था के लिए कोई ख़तरा होने पर मामले में हस्तक्षेप करने का अधिकार होता है। आपराधिक प्रक्रिया संहिता तहसीलदार, राजस्व मंडल अधिकारी और जिला कलेक्टर को कार्यकारी मजिस्ट्रेट के रूप में मान्यता देती है। क़ानून और व्यवस्था बहाल करने के बाद उन्हें शांति भंग करने वाले व्यक्ति या समूह का मामला दीवानी अदालतों में भेजना होता है। उन्हें तब तक यथास्थिति बनाये रखने का आदेश देने का अधिकार है।

उसिलमपट्टि की महिला तहसीलदार नल्लुदेवनपट्टि गांव में शांति बहाली के लिए गयीं। लेकिन उन्होंने तो वहां कुछ अजीब कर डाला। उन्होंने ग्रामीणों के निर्णय को स्वीकार कर लिया, पूजा करने का अधिकार पिन्नैयक्कल से छीनकर उसके चचेरे भाई को दे दिया। पिन्नैयक्कल ने बैठक से वॉकआउट किया और पक्षपातपूर्ण आदेश को चुनौती देते हुए मामला दर्ज किया।

अदालत ने तहसीलदार के आदेश में कई त्रुटियों की ओर इशारा किया और कहा कि उनकी शक्ति का प्रयोग क़ानून के अनुसार नहीं था। अदालत ने नोट किया:

> यह मानकर भी कि ऐसी बैठक निहित शक्तियों द्वारा बुलायी गयी थी ... आपराधिक प्रक्रिया संहिता (सीआरपीसी) के तहत तहसीलदार को कार्यकारी मजिस्ट्रेट होने का अधिकार दिया गया था, लेकिन ऐसे मजिस्ट्रेटी अधिकार का इस्तेमाल करने की आड़ में, तीसरा प्रतिवादी (तहसीलदार) विभिन्न पक्षों के अधिकारों को दरकिनार नहीं कर सकता। सीआरपीसी का कोई प्रावधान कार्यकारी मजिस्ट्रेट को ऐसा निर्णय लेने के लिए अधिकृत नहीं करता है, जैसा कि वर्तमान मामले में किया गया था।

उन्हें पक्षकारों को अपने विवाद को सिविल कोर्ट में हल करने का निर्देश देना

चाहिए था, तब तक पिन्नैयक्कल को पुजारी के रूप में बने रहने और पूजा करने की अनुमति दी जानी चाहिए थी।

जिस तहसीलदार ने गलत आदेश जारी किया था, उसका तर्क था कि पिन्नैयक्कल पुजारी नहीं हो सकती। उच्च न्यायालय ने इस सवाल पर अपना नजरिया रखा कि क्या एक महिला पुजारी हो सकती है:

> वैदिक काल में भी यह उल्लेख है कि महिलाओं ने पूजा और अनुष्ठान किये थे। सौभाग्य से वर्तमान मंदिर किसी आगम शास्त्र के अंतर्गत नहीं आता है। भारत के दक्षिणी हिस्सों में स्थापित उप-सांस्कृतिक देवताओं को मनु स्मृति के मानदंडों से मुक्त किया गया है और इसलिए महिलाओं को केवल गृहिणी बने रहने की आवश्यकता नहीं है। जैसा कि एक महान दार्शनिक ने कहा है कि महिलाएं आधा आकाश धारण करती हैं और मानव प्रगति के लिए हमें अपने दोनों पैरों पर चलना चाहिए। ईश्वर की वेदियों को लैंगिक भेदभाव से मुक्त किया जाना चाहिए। तभी अनुच्छेद 15 और 51-ए (ई) के तहत संवैधानिक जनादेश एक वास्तविकता बन पायेगा।

अदालत ने ज़ोर देकर कहा कि अगर देश को आगे बढ़ना है, तो पुरुषों और महिलाओं दोनों को मिलकर आगे बढ़ना चाहिए। ईश्वर की वेदी लिंगभेद से मुक्त होनी चाहिए। न्यायालय ने संविधान के अनुच्छेद 15 का हवाला दिया, जो महिलाओं के ख़िलाफ़ भेदभाव को रोकता है। अनुच्छेद 51-ए (ई) का भी हवाला दिया, जो महिलाओं के लिए अपमानजनक प्रथाओं को त्यागने को एक मौलिक कर्त्तव्य बनाता है।

अदालत ने तहसीलदार के आदेश को ख़ारिज करते हुए आदेश दिया कि जिला कलेक्टर और पुलिस को अपने फ़ैसले को लागू करना चाहिए। पुलिस ने पूरे दल-बल के साथ जाकर दुर्गाई अम्मन मंदिर की चाबियां पिन्नैयक्कल को सौंप दीं।

लेकिन मामले की अगली कड़ी दुखद है। हालाँकि पिन्नैयक्कल ने उसिलामपट्टी अदालत में दीवानी मुक़दमा जीत लिया और उसके अधिकार को बरकरार रखा गया,

लेकिन उसके हठी चचेरे भाइयों ने फ़ैसले के ख़िलाफ़ अपील दायर की और उसे आज तक पूजा करने से रोक रखा है। जिला प्रशासन गहरी, बेपरवाह नींद में है।

विचाराधीन मंदिर का निर्माण रूढ़िवादी शास्त्रीय परंपरा आगम के अनुसार नहीं किया गया है। हाल ही में, दिसंबर 2015 में, सर्वोच्च न्यायालय ने शिवाचार्यों द्वारा दायर एक मामले में आदेश दिया है कि तमिलनाडु के आगमिक मंदिरों में केवल एक विशेष समुदाय को पुजारी के रूप में कार्य करने का अधिकार है। यह निराशाजनक है कि अदालत ने यह नहीं कहा कि उस समुदाय की महिलाएं भी पुजारी हो सकती हैं। इसके अलावा, यह मानना पितृसत्तात्मक है कि कुछ मंदिरों में तो महिलाएं भी नहीं जा सकती हैं। सितंबर 2018 में सर्वोच्च न्यायालय ने सबरिमलय जाने के लिए पांच से पचास साल की उम्र की महिलाओं पर रोक को अवैध घोषित कर दिया। अप्रैल 2016 में, महाराष्ट्र के शिंगणापुर में शनि मंदिर को विरोध के बावजूद महिला उपासकों के लिए खोल दिया गया था।

महिलाओं का समानता का अधिकार अब भी केवल काग़ज़ों पर मौजूद है। इस अधिकार की प्राप्ति प्रकाश वर्ष दूर है।

मुहब्बत बीवी

अपराधों और सज़ा के संबंध में आजकल खूब लंबी बहसें की जाती हैं। किसी भी अपराध के लिए उचित सज़ा क्या है, इसका सवाल जनता के बीच और प्रेस तथा विज़ुअल मीडिया में चर्चा का विषय बन गया है। भारतीय दंड संहिता में प्रत्येक अपराध के लिए दी जाने वाली अधिकतम सज़ा का प्रावधान है। अदालत अपराध साबित होने के बाद और सज़ा देने से पहले आरोपी से सवाल करती है, तमाम छोटी-बड़ी परिस्थितियों को ध्यान में रखती है और विचार करती है कि सज़ा को कम करने के कोई कारण हैं या नहीं। दोषी व्यक्ति सज़ा को ज़्यादा बताते हुए उच्च न्यायालय या सर्वोच्च न्यायालय के समक्ष अपील करके फ़ैसले को चुनौती दे सकता है। उसी तरह शिकायतकर्ता या सरकार भी सज़ा के ख़िलाफ़ इस आधार पर अपील कर सकते हैं कि यह पर्याप्त नहीं है। अपीलीय अदालत के पास निर्णय देने और उचित सज़ा देने का अधिकार होता है। कुछ असाधारण आपराधिक मामलों में तो अपीलीय अदालत को क़ानून द्वारा अपने दम पर सज़ा बढ़ाने का भी अधिकार है। लेकिन यह सुनिश्चित करने का कोई प्रावधान नहीं है कि सज़ा पीड़ित को राहत या संतुष्टि प्रदान करती है। कई देशों में पीड़ितों या पीड़ितों के परिवारों को यह पूछने का अधिकार है कि दोषी के लिए उपयुक्त सज़ा क्या है। 26 जनवरी 2016 को लागू हुए अत्याचार निवारण अधिनियम की शर्तों के तहत एक संशोधन के ज़रिए पीड़ितों को आरोपियों की ज़मानत का विरोध करने का अधिकार है और उनके वकील सज़ा पर अपनी राय देते हुए जांच में भाग ले सकते हैं। इस क़ानून के तहत न केवल अभियुक्तों को बल्कि पीड़ितों को भी प्रक्रियात्मक गारंटी प्रदान की जाती है।

उच्च न्यायालय के सामने एक अजीबोगरीब मामला आया।[1] इसमें सज़ा को लेकर पीड़िता की राय मांगी गयी। 23 सितंबर 2007 को रामनाथपुरम की एक मुस्लिम महिला मुहब्बत बीवी को उसके पति की मौत के बाद इद्दत की अवधि के दौरान गिरफ़्तार किया गया था – जो आम तौर पर तीन से चार चंद्रमास तक रहती है। थाना प्रभारी इंस्पेक्टर वसंता ने दस महिला सिपाहियों के साथ सुबह साढ़े चार बजे मुहब्बत बीवी के घर में घुसकर उसे गिरफ़्तार कर लिया। उसने उस समय लुंगी पहन रखी थी। उसे न तो कपड़े बदलने दिये गये, न ही रमज़ान के रोज़े की सेहरी करने दी गयी। रामनाथपुरम पुलिस स्टेशन में, उसे अपने परिवार से संपर्क करने की अनुमति भी नहीं दी गयी। हालांकि उसने सीने में दर्द की शिकायत की, लेकिन देर शाम तक उसे चिकित्सा सहायता देने की कोई व्यवस्था नहीं की गयी। उसे उसकी बहू द्वारा की गयी दहेज उत्पीड़न की शिकायत के आधार पर गिरफ़्तार किया गया था, लेकिन उसकी गिरफ़्तारी के कारणों की जानकारी नहीं दी गयी थी। संविधान गिरफ़्तार या हिरासत में लिये गये व्यक्ति को सुरक्षा देता है और उसके कुछ अधिकारों को मान्यता देता है। डी.के. बसु बनाम पश्चिम बंगाल राज्य (1996) के मामले में सर्वोच्च न्यायालय ने गिरफ़्तारी या हिरासत के मामले में पुलिस के लिए ग्यारह दिशानिर्देश निर्धारित किये थे। इनमें गिरफ़्तारी के समय गिरफ़्तारी का मेमो, गिरफ़्तार व्यक्ति द्वारा प्रतिहस्ताक्षरित और एक स्वतंत्र गवाह (रिश्तेदार या पड़ोसी) शामिल है। इसके अलावा, गिरफ़्तारी की ख़बर 'जितनी जल्दी हो सके' गिरफ़्तार व्यक्ति के किसी विश्वसनीय रिश्तेदार या परिचित को दी जानी चाहिए और गिरफ़्तार व्यक्ति को इस अधिकार के बारे में तुरंत सूचित किया जाना चाहिए। गिरफ़्तार व्यक्ति का प्रत्येक 48 घंटे में एक प्रशिक्षित चिकित्सक द्वारा चिकित्सकीय परीक्षण किया जाना चाहिए। सर्वोच्च न्यायालय ने यह भी कहा कि यदि कोई पुलिस अधिकारी इन दिशानिर्देशों का उल्लंघन करता है, तो उसे अदालत की अवमानना के लिए दंडित किया जा सकता है।

मुहब्बत बीवी के वकील ने डी.के. बसु दिशानिर्देशों के उल्लंघन के लिए इंस्पेक्टर वसंता के ख़िलाफ़ अवमानना याचिका दायर की। मद्रास उच्च न्यायालय की मदुरै पीठ ने इंस्पेक्टर को व्यक्तिगत रूप से पेश होने और अपना स्पष्टीकरण देने का आदेश

[1] मुहब्बत बीवी बनाम श्रीमती वसंता, 2008 की अवमानना याचिका संख्या 16, दिनांक 26.9.2008

दिया। उसके स्पष्टीकरण और पुलिस रिकॉर्ड की जांच करने पर अदालत ने पाया कि इंस्पेक्टर वसंता ने डी.के. बसु के दो दिशानिर्देशों का उल्लंघन किया था: मुहब्बत बीवी को गिरफ़्तारी के आधार के बारे में सूचित नहीं किया गया था और किसी रिश्तेदार, मित्र या वकील से संपर्क करने की अनुमति नहीं दी गयी थी; गिरफ़्तारी की अनिवार्य डायरी प्रविष्टि तत्काल की जानी चाहिए थी, लेकिन ऐसा नहीं किया गया था। वसंता ने कोर्ट में पेश की गयी जानकारी को भी गढ़ा था। मुहब्बत बीवी के भाई को दिये गये गिरफ़्तारी के मेमो में गिरफ़्तारी का समय 11.30 बजे दिखाया गया था और गिरफ़्तारी की जगह बस स्टैंड के रूप में दी गयी थी। पीठ ने निष्कर्ष निकाला कि पुलिस ने चिकित्सा सहायता नहीं दी (जैसा कि डी.के. बसु दिशानिर्देशों द्वारा अनिवार्य है) और साथ ही उसके परिवार को ठीक से सूचित नहीं किया। यह कहा गया:

> प्रतिवादी द्वारा दायर किया गया जवाबी हलफनामा डी.के. बसु दिशानिर्देशों के उल्लंघन को कवर करने का एक प्रयास मात्र है। हालांकि प्रतिवादी का दावा है कि याचिकाकर्ता को रात 11.30 बजे बस स्टैंड के पास से गिरफ़्तार किया गया था, लेकिन ये सब मनगढ़ंत रिकॉर्ड थे। जैसा कि इसके समर्थन में दिये गये हलफ़नामे से देखा जा सकता है, गिरफ़्तारी याचिकाकर्ता के घर में सुबह करीब 4.30 बजे की गयी थी। इसका कोई कारण नहीं है कि याचिकाकर्ता को गिरफ़्तारी के समय लगभग 11.30 बजे बस स्टैंड के पास घूमते हुए पाया जाना चाहिए जैसा कि प्रतिवादी ने कहा था।

क़ानून में प्रावधान है कि अगर अवमानना साबित हो जाती है, तो अवमानना करने वाले को छह महीने की कैद और दो हज़ार रुपये का जुर्माना लगाया जा सकता है। तमिलनाडु अधीनस्थ पुलिस अधिकारी आचरण नियम, 1964 में कहा गया है कि अवमानना का दोषी पाये जाने पर सरकारी कर्मचारी को सेवा से हटाया जा सकता है।

अदालत ने महसूस किया कि इंस्पेक्टर के ख़िलाफ़ दंडात्मक कार्रवाई मुहब्बत बीवी को राहत नहीं देगी। रमज़ान का रोज़ा रखने वाली इस मुस्लिम विधवा को अलसुबह गिरफ़्तार कर लिया गया और उसे जनता के सामने घसीटकर ले जाया गया

था। उसे बहुत अपमान सहना पड़ा था। उसकी गरिमा को जो ठेस पहुंची थी, उसकी भरपाई किसी भी राशि से नहीं की जा सकती थी। वहीं, अगर इंस्पेक्टर को सज़ा दी गयी, तो उसकी नौकरी चली जाएगी। इसीलिए अदालत ने सोचा कि मुहब्बत बीवी के साथ हुई गलती को सुधारने के लिए इंस्पेक्टर को क्या सज़ा दी जाए।

अदालत ने डी.के. बसु मामले (ऊपर उद्धृत) में सर्वोच्च न्यायालय द्वारा की गयी एक टिप्पणी का उल्लेख किया। पैराग्राफ 55 में, यह देखा गया:

> इसका उद्देश्य घावों पर मरहम लगाना है, न कि अपराधी को दंडित करना, क्योंकि अपराध के लिए उचित दंड देना (मुआवज़े की परवाह किये बिना) आपराधिक न्यायालयों पर छोड़ दिया जाना चाहिए, जिसमें अपराधी पर मुक़दमा चलाया जाता है। क़ानूनन सरकार का यही कर्त्तव्य है।

अदालत ने कहा कि अगर इंस्पेक्टर वसंता सज़ा से बचना चाहती है, तो उसे मुहब्बत बीवी के घर जाकर सार्वजनिक रूप से माफ़ी मांगनी चाहिए। अगर मुहब्बत बीवी ने उसे माफ़ कर दिया, तो अदालत सज़ा के सवाल पर पुनर्विचार करेगी।

> प्रतिवादी (इंस्पेक्टर वसंता) को ही यह करना था और इस संबंध में कोई भी निर्णय पूरी तरह से स्वैच्छिक था। जब यह सुझाव इस न्यायालय द्वारा 19.09.2008 को दिया गया था, तो वहां मौजूद प्रतिवादी वसंता याचिकाकर्ता (मुहब्बत बीवी) के घर जाने और व्यक्तिगत रूप से माफ़ी मांगकर उसकी आहत भावनाओं को शांत करने के लिए तैयार हो गयीं।

इंस्पेक्टर वसंता कुछ शुरुआती झिझक के बाद मुहब्बत बीवी के घर गयीं और उनसे सार्वजनिक रूप से माफ़ी मांगी। यह जिले के तमाम अख़बारों की सुर्खियों में छपा। यह पहला मौका था, जब किसी दोषी पुलिस अधिकारी ने सार्वजनिक रूप से पीड़िता से माफ़ी मांगी थी।

मुहब्बत के वकील ने अदालत को सूचित किया कि उनकी मुवक्किल ने माफ़ी

मंजूर कर ली है। तब अदालत ने इंस्पेक्टर को भविष्य में इस तरह की हरकत न करने की चेतावनी देकर मामले को बंद कर दिया। इस मामले ने पीड़ित का सम्मान बहाल करने और इसे न्यायिक प्राथमिकता बनाने के महत्त्व को दिखाया।

जेन सत्या/क्वीन शीबा

भारत के पूर्व मुख्य न्यायाधीश अल्तमस कबीर मुख्य अतिथि के रूप में कश्मीर विश्वविद्यालय के लॉ कॉलेज में गये थे। उनका भाषण समाप्त होने के बाद परंपरा के अनुसार राष्ट्रगान बजाया गया। लॉ कॉलेज के कुछ विद्यार्थी राष्ट्रगान का सम्मान न करते हुए उस समय बैठे रहे। अन्य लोगों को यह देखकर दुख हुआ कि मुख्य न्यायाधीश द्वारा संबोधित किये जाने के तुरंत बाद क़ानून के विद्यार्थी इस तरह का व्यवहार कर रहे थे। सन् 1962 में भारत-चीन संघर्ष के बाद यह निर्णय लिया गया था कि फिल्मों के अंत में तमिलनाडु के सभी सिनेमाघरों में राष्ट्रगान बजाया जाएगा। इसका उद्देश्य देशभक्ति को बढ़ावा देना था। लेकिन हक़ीक़त में जो हुआ, वह कुछ और ही था। दर्शक अंतिम दृश्य से पहले ही हॉल से निकलने लगे। इसे देखते हुए आदेश वापस ले लिया गया।

मुझे सन् 1985 में केरल में हुई एक घटना की याद आ रही है। शिक्षा विभाग के एक परिपत्र के अनुसार, सुबह की सभा के दौरान हर दिन स्कूल में राष्ट्रगान गाना अनिवार्य कर दिया गया। एक सुबह जब राष्ट्रगान गाया जा रहा था, तीन बच्चे – बिजो, बिनु मोल और बिंदु इमैनुएल – बाकी विद्यार्थियों के साथ खड़े तो हो गये, लेकिन उन्होंने राष्ट्रगान नहीं गाया। एक संवाददाता ने यह देखा, तो उसने विधायक को सूचित कर दिया। विधायक ने केरल विधानसभा में इस मुद्दे को उठाया। घटना की जांच के लिए एक समिति का गठन किया गया। तीन विद्यार्थी समिति के सामने पेश हुए और कहा कि वे यहोवा के साक्षी ईसाई समूह से संबंधित हैं। उनकी मान्यता के अनुसार उन्हें केवल ईश्वर की स्तुति करनी चाहिए, न कि किसी जाति, भाषा या नदियों

की। उन्होंने कहा कि उन्होंने कभी भी झंडे का अनादर नहीं किया। जांच समिति की रिपोर्ट के आधार पर स्कूलों के उप निरीक्षक ने इन विद्यार्थियों को स्कूल से निष्कासित करने का आदेश दिया (दिनांक 26 जुलाई 1985)। बच्चों के पिता ने बहुत गुहार की, लेकिन कोई राहत नहीं मिली। फिर बच्चों ने केरल उच्च न्यायालय का दरवाज़ा खटखटाया, लेकिन यहां भी उनकी याचिका ख़ारिज कर दी गयी। इसीलिए वे सर्वोच्च न्यायालय गये।

न्यायमूर्ति चिनप्पा रेड्डी (जिनका अप्रैल 2013 में निधन हो गया) की पीठ का निर्णय (1986) ऐतिहासिक है। सर्वोच्च न्यायालय ने कहा कि भारतीय नागरिकों को अपनी पसंद के धर्म का पालन करने का अधिकार है और धार्मिक मान्यताओं में कोई हस्तक्षेप नहीं हो सकता है। यद्यपि विद्यार्थियों ने अन्य लोगों के साथ राष्ट्रगान नहीं गाया, लेकिन उन्होंने राष्ट्रगान का अनादर नहीं किया और वे सभा में खड़े थे। सर्वोच्च न्यायालय ने इस बात पर भी ज़ोर दिया कि धार्मिक अधिकारों की रक्षा की जानी चाहिए मगर राष्ट्रीय प्रतीकों का अनादर करने की अनुमति नहीं दी जा सकती है। अदालत ने नोट किया:

> हम इस मामले में आश्वस्त हैं कि तीन बच्चों को उनकी धार्मिक आस्था के प्रति कर्त्तव्यनिष्ठा के कारण सिर्फ़ इसलिए स्कूल से निष्कासित किया जाना कि वे सुबह की सभा में राष्ट्रगान के गायन में शामिल नहीं हुए, हालांकि वे राष्ट्रगान गाये जाने के दौरान खड़े रहे थे, उनकी 'अंतरात्मा की स्वतंत्रता और स्वतंत्र रूप से धर्म को मानने, पालन करने और प्रचार करने' के मौलिक अधिकार का उल्लंघन है। (बिजो इमैनुएल और अन्य बनाम केरल राज्य में पैरा 25)

यह याद रखना चाहिए कि कश्मीर में विद्यार्थियों के कृत्य, जिन्होंने राष्ट्रगान के समय सही व्यवहार नहीं किया, इस फ़ैसले से संरक्षित नहीं होंगे।

मद्रास उच्च न्यायालय ने 25 जुलाई 2017 को एक जनहित याचिका पर सुनवाई करते हुए न्यायमूर्ति एम.वी. मुरलीधरन के निर्देश के तहत आदेश दिया कि

हर स्कूल में सुबह राष्ट्रगान गाया जाए। यह आदेश किस आधार पर पारित किया गया, यह स्पष्ट नहीं है। ऐसे कई मामले हैं, जहां धार्मिक अधिकार और शैक्षणिक संस्थान एक-दूसरे के ख़िलाफ़ खड़े हुए हैं। आइए उनमें से कुछ को देखें। जेन सत्या[1] मीनाक्षी सुंदरम इंजीनियरिंग कॉलेज की छात्रा थी। वह सेवेंथ डे एडवेंटिस्ट चर्च की ईसाई थी। उसके पिता इस संप्रदाय द्वारा संचालित एक स्कूल के प्रिंसिपल थे। सेवेंथ डे एडवेंटिस्ट शनिवार को काम नहीं करते। इस दिन वे धार्मिक कार्यों में शामिल होते हैं। जिस तरह अन्य ईसाइयों के लिए रविवार एक पवित्र दिन है, उसी तरह इस समूह के लिए शनिवार है। यह पंथ उन्नीसवीं सदी में अमेरिका में स्थापित किया गया था और यह घोषित किया गया था कि विश्राम और पूजा का दिन सबात शुक्रवार सूर्यास्त से शनिवार सूर्यास्त तक मनाया जाना चाहिए। इंजीनियरिंग कॉलेज में फीस का भुगतान करने के बाद जेन सत्या को एक झटका लगा। उसे पता चला कि कॉलेज शनिवार को चलता है। उसने तुरंत एक पत्र लिखा कि उसे शनिवार को छुट्टी दी जानी चाहिए। प्रशासन ने जवाब दिया कि शनिवार एक कार्य दिवस है और उसे गैर-हाज़िरी का विशेषाधिकार नहीं दिया जा सकता है। उसने ट्रांसफर सर्टिफिकेट मांगा और दूसरे कॉलेज चली गयी। लेकिन उसने उच्च न्यायालय के समक्ष एक मामला दायर किया कि कॉलेज को उसकी एडमिशन फीस वापस करनी चाहिए। उसने बिजो इमैनुएल मामले का हवाला देते हुए कहा कि उसे अपने धर्म के संरक्षण का अधिकार है। उच्च न्यायालय ने यह कहते हुए उसकी याचिका को ख़ारिज कर दिया कि यह निर्णय जेन सत्या पर लागू नहीं होगा: कॉलेज के पाठ्यक्रम और समय-सारिणी को एक भी विद्यार्थी के धार्मिक पालन के अनुरूप नहीं बदला जा सकता है। अदालत ने नोट किया:

> पहले प्रतिवादी शनिवार को चलने वाले कॉलेज के बारे में यह नहीं कहा जा सकता कि उसने याचिकाकर्ता को धार्मिक विश्वास के अधिकार से वंचित किया है, और न ही याचिकाकर्ता को उस दिन अनुपस्थित रहने का अधिकार है जिस दिन कॉलेज चलता है। कॉलेज का कैलेंडर सभी संबंधित विद्यार्थियों के लिए

[1] जेन सत्या बनाम मीनाक्षी सुंदरम इंजीनियरिंग कॉलेज, डब्ल्यू.पी. 2008 की संख्या 19215, दिनांक 17.7.2012

तय किया गया था। अतः याचिकाकर्ता द्वारा उठाया गया मामला नहीं बनता है। तदनुसार, याचिका ख़ारिज की जाती है।

ईसाई संगठनों द्वारा कई शैक्षणिक संस्थानों की स्थापना की गयी है। हालांकि उनमें से कई सरकारी अनुदान प्राप्त करते हैं, लेकिन सरकार संविधान के अनुच्छेद 30, जो अल्पसंख्यक अधिकारों की रक्षा करता है, के मद्देनजर उनके प्रशासन में हस्तक्षेप नहीं कर सकती है। यह तय करना अल्पसंख्यक संस्थाओं का अधिकार है कि वे किसे नियुक्त करें। ऐसे पदों के लिए शिक्षा विभाग केवल शैक्षिक और आयु मानदंड तय कर सकता है। इन संस्थानों पर रोजगार कार्यालय में पंजीकरण और आरक्षण नीति लागू नहीं होती है। शिक्षकों की नियुक्ति के लिए हर ईसाई संस्थान के अपने नियम होते हैं। वे अपने पादरी के इलाकों में योग्य ईसाई शिक्षकों की सूची तैयार करते हैं और उसके अनुसार नियुक्तियां करते हैं। भले ही वे किसी नियम का उल्लंघन करते हों, लेकिन कोई भी इसे अदालत में चुनौती नहीं दे सकता। सन् 2010 में, अंबुर की क्वीन शीबा[2] ने एक मामला दायर किया कि धार्मिक अल्पसंख्यक समुदाय, जिससे वह संबंधित है, द्वारा संचालित एक स्कूल में शारीरिक प्रशिक्षक का पद था, लेकिन इसमें उसे नियुक्ति नहीं दी गयी थी और एक हिंदू को नियुक्त किया गया था। उसके मामले की सुनवाई करने वाले उच्च न्यायालय ने इसे ख़ारिज कर दिया। उसने कहा कि अदालतें ईसाइयों द्वारा संचालित स्कूल में हस्तक्षेप नहीं कर सकतीं, क्योंकि यह अल्पसंख्यक स्कूल है; हिंदू शिक्षक की नियुक्ति पर कोई रोक नहीं है और वास्तव में किसी अन्य धर्म के व्यक्ति को नियुक्त करने के लिए उसके प्रशासन की सराहना की जानी चाहिए। उसने कहा :

> ईसाई अल्पसंख्यक स्कूलों के संचालन का अधिकार उनके प्रबंधन के पास है, इसलिए वे ऐसे किसी भी उम्मीदवार को नियुक्त करने के लिए स्वतंत्र हैं, जिसके पास आवश्यक योग्यताएं हैं। सर्वोच्च न्यायालय ने माना है कि अगर

[2] डब्ल्यू क्वीन शीबा बनाम संयुक्त निदेशक, स्कूल शिक्षा, चेन्नै, 2010 (3) एमएलजे 917 = 2010 (2) सीडब्ल्यूसी 126

> कोई अल्पसंख्यक संस्थान एक धर्मनिरपेक्ष संस्थान की तरह काम करता है, तो उसका स्वागत किया जा सकता है। एक अल्पसंख्यक संस्थान द्वारा एक गैर अल्पसंख्यक विद्यार्थी को भी स्कूल में प्रवेश देने या अन्य धर्मों के शिक्षकों को अपने विद्यार्थियों को पढ़ाने के लिए नियुक्त करने पर कोई रोक नहीं है। ... याचिकाकर्ता की ओर से किसी क़ानूनी या लागू करने योग्य अधिकार के अभाव में, यह अदालत रिट याचिका पर विचार करने के लिए इच्छुक नहीं है।

धार्मिक अधिकारों और शैक्षणिक संस्थानों से जुड़े मामलों का इतिहास एक लंबे सोप ओपेरा की तरह है।

जीवन का अधिकार, पसंद और गरिमा: कुछ निजी अनुभव

पोतुमल्ली

1920 के दशक के मध्य में तिरुनेलवेली जिले के चेरनमादेवी में वी.वी.एस. अय्यर द्वारा संचालित तमिल गुरुकुल स्कूल में जाति के आधार पर भोजन परोसे जाने के तरीके को लेकर कांग्रेस पार्टी के भीतर एक बड़ा टकराव हो गया था।[1] वहां दो ब्राह्मण लड़कों को अन्य छात्रों से अलग कमरे में खाना खिलाया जाता था। 10 मार्च 1925 को महात्मा गांधी ने इस विषय पर डॉ. वरदराजुलु नायडू को एक पत्र लिखा था:

> गुरुकुल विवाद के संदर्भ में मैंने श्री अय्यर से कहा कि आपसे मिलकर आपकी बात सुनने से पहले मैं कोई निश्चित राय नहीं दूंगा। आपकी बात सुनकर मुझे ऐसा प्रतीत होता है कि जहां तक वर्तमान ब्रह्मचारियों का संबंध है, यदि ब्राह्मण लड़कों के माता-पिता अपने लड़कों को अलग से भोजन करने की अनुमति देने पर ज़ोर देते हैं, तो उनके नैतिक संकोच का सम्मान किया जाना चाहिए। लेकिन भविष्य के लिए यह घोषणा की जा सकती है कि ऐसे किसी भी ब्रह्मचारी को नहीं लिया जाएगा, जिसके माता-पिता अपने लड़के को दूसरों के साथ बैठकर भोजन नहीं करने देंगे। आपकी बात से मुझे लगता है कि गुरुकुल का रसोइया हमेशा ब्राह्मण ही रहेगा। आप जिस चीज पर आपत्ति करते हैं (और वह ठीक है) वह गैर-ब्राह्मण लड़कों को ब्राह्मणों से अलग करने के बारे में है। मुझे लगता है कि सभी लड़कों को खाना खाते समय एक ही पंक्ति में बैठना चाहिए। (कलेक्टेड वर्क्स ऑफ महात्मा गांधी, खंड 30, पृष्ठ 371)

[1] डॉ. पोतुमल्ली बनाम जिला कलेक्टर, तिरुवारुर, 2010 (5) एमएलजे 46

हालांकि गुरुकुलम एक निजी संगठन था, लेकिन इसे कांग्रेस पार्टी से वित्तीय सहायता मिलती थी। इसीलिए ई. वी. रामासामी (पेरियार), डॉ. वरदराजुलु नायडू और अन्य लोगों ने गुरुकुलम में भोजन परोसने में प्रचलित जातिगत भेदभाव की कड़ी आलोचना की। कांग्रेस समिति ने बहुमत से एक प्रस्ताव पारित किया कि यदि गुरुकुलम ने अपने तरीके नहीं बदले, तो कांग्रेस पार्टी इसे वित्तीय सहायता देना बंद कर देगी। इसके बाद भी तमिलनाडु कांग्रेस पार्टी में सहमति नहीं बन पायी। इसीलिए ईवीआर और डॉ. वरदराजुलु ने पार्टी की सदस्यता से इस्तीफ़ा दे दिया।

उस समय, जाति भेद को मिटाने के लिए एक सामाजिक गतिविधि के रूप में सम्पंडी भोजनम (अंतर-जातीय भोजन) किया जाता था। भारत को स्वतंत्रता मिलने के बाद हमारे संविधान में अनुच्छेद 17 शामिल किया गया, जिसने अस्पृश्यता को समाप्त कर दिया। लेकिन आज तक अस्पृश्यता की प्रथा समाप्त नहीं हुई है। हाशिये पर रहने वाले लोग अब भी झुग्गी-झोपड़ियों में रहते हैं। अगर वे जूते पहनकर शहर में प्रवेश करते हैं तो उन्हें रोका और अपमानित किया जा सकता है। चाय की दुकानों पर अब भी दो तरह के बर्तनों का चलन है। मदुरै से लगभग चालीस किलोमीटर दूर उत्थापुरम गांव में प्रभावशाली पिल्लै जाति और दलित मल्लार समुदायों की बस्तियों के बीच 1989-90 के आसपास एक दीवार बनायी गयी थी। इसे हम आज भी अस्पृश्यता के एक प्रमुख उदाहरण के रूप में याद करते हैं। यह दीवार सन् 2008 तक मौजूद थी, जब तक कि मदुरै जिला प्रशासन ने इसे गिरा नहीं दिया।

संविधान का अनुच्छेद 47 घोषित करता है कि राज्य का यह कर्त्तव्य है कि वह अपने नागरिकों को पौष्टिक भोजन उपलब्ध कराकर उनके स्वास्थ्य को सुनिश्चित करे। आज तक किसी भी सरकार ने इस संबंध में कोई कदम नहीं उठाया है।

जब के. कामराज तमिलनाडु के मुख्यमंत्री (1954-62) थे, तो कुछ स्कूलों में प्रयोग के आधार पर दोपहर का भोजन उपलब्ध कराया जाता था। पीएल 480 योजना के तहत अमेरिकी सरकार द्वारा आपूर्ति की गयी गेहूं की भूसी, सोया, तेल और दूध पाउडर का इस्तेमाल इसके लिए किया गया था। इसे एक व्यापक योजना के रूप में नहीं चलाया गया था। इसके अलावा विकासशील देशों के कड़े विरोध

के बाद संयुक्त राज्य अमेरिका ने सन् 1966 में अपने खाद्य सहायता कार्यक्रम में संशोधन किया। इसके बाद, एमजी रामचंद्रन जब मुख्यमंत्री (1977-87) थे, तो उन्होंने सभी स्कूलों में दोपहर के भोजन की योजना शुरू की। इसकी शुरुआत ग्राम पंचायतों को आर्थिक सहायता देकर की गयी थी। बाद में पूरी योजना को समाज कल्याण विभाग के नियंत्रण में लाया गया। हर सरकारी, निगम और सहायता प्राप्त स्कूल में मध्याह्न भोजन केंद्र स्थापित किये गये थे। प्रत्येक केंद्र पर दोपहर भोजन संयोजक, रसोइया और सहायक के तीन पद सृजित किये गये। सन् 1997 में जारी सरकारी आदेश (जीओ) में एक शर्त रखी गयी थी कि इन पदों के लिए चुनी गयी महिलाएं उस गांव के एक किलोमीटर के दायरे में रहने वाली हों, जहां केंद्र स्थित था। पूरे तमिलनाडु में मध्याह्न भोजन केंद्रों में लगभग एक लाख पद सृजित किये गये थे, लेकिन इनमें अनुसूचित जाति की महिलाओं के लिए कोई आरक्षण नहीं किया गया था। इसके अलावा, एक किलोमीटर के नियम के कारण, दलित महिलाएं पद के लिए आवेदन नहीं कर सकीं। चूंकि दलित बस्तियां गांव की सीमा से बाहर थीं, इसलिए इन महिलाओं को नियुक्तियां नहीं दी गईं। यह नाइंसाफ़ी इस तथ्य के बावजूद हुई थी कि इन पदों पर चयन राज्य सरकार द्वारा या उसकी सीधी निगरानी के तहत किया गया था और केंद्रों को पूरी तरह से केंद्र सरकार द्वारा वित्त पोषित किया गया था, यानी जनता के पैसे से। इसमें एससी-एसटी कर्मचारियों को आरक्षण नहीं दिया गया।

आंगनबाड़ी सहायिकाओं की नियुक्ति में भी सरकार भेदभाव करती है। आरक्षण के लागू न होने को सही ठहराने के लिए तमिलनाडु सरकार ने सन् 2003 में केंद्र सरकार द्वारा जारी एक परिपत्र का इस्तेमाल किया:

> कृपया इस विषय पर अपना पत्र क्रमांक एसएसडब्लू 2003/473- दिनांक 17.10.2003 देखें। आईसीडीएस योजना की यह परिकल्पना है कि स्थानीय समुदाय से 'मानद कार्यकर्ता' के रूप में आंगनवाड़ी कार्यकर्ताओं (एडब्लूडब्लू) और सहायिकाओं की नियुक्त की जाए। इसलिए अनुसूचित जाति/अनुसूचित जनजाति और अन्य पिछड़ा वर्ग के लिए उनके चयन में कोई आरक्षण इस

योजना के तहत प्रदान नहीं किया गया है, क्योंकि उन्हें 'सरकारी कर्मचारी' नहीं माना जाता है।

2007 (6) एमएलजे 402 में दर्ज पी. वसंता बनाम जिला कलेक्टर, डिंडीगुल के मामले में उच्च न्यायालय ने एक निर्णय दिया था। इसमें कहा गया था कि आवेदकों को मध्याह्न भोजन केंद्र से एक किलोमीटर के दायरे में रहना चाहिए। यह असंवैधानिक था। अदालत ने कहा कि मध्याह्न भोजन केंद्रों और आंगनवाड़ी केंद्रों के आसपास रहने वाले आवेदकों को प्राथमिकता दी जा सकती है, लेकिन यह तभी होगा जब चयन प्रक्रिया में दो आवेदकों ने समान अंक प्राप्त किये हों। इसके बाद भी दलित महिलाओं को न्याय नहीं मिला।

यह तब हुआ, जब तिरुवारुर जिले की पोतुमल्ली नाम की एक महिला ने एक रिट याचिका दायर की। उन्होंने कहा कि मध्याह्न भोजन केंद्रों में पदों को भरने में सामाजिक न्याय के सिद्धांतों का पालन नहीं किया गया है और इन पदों पर नियुक्ति करते समय आरक्षण लागू किया जाना चाहिए। इस मामले की सुनवाई करने वाले उच्च न्यायालय ने वी.वी.एस. अय्यर के तमिल गुरुकुलम में हुई पिछली घटना और विवाद तथा महात्मा गांधी व पेरियार के बीच उस समय उत्पन्न मतभेद को भी बयान किया। गांधीजी ने स्वीकार किया था कि सवर्ण जाति की भावनाओं को शांत करने के लिए ब्राह्मण रसोइयों को नियुक्त किया जा सकता है। उन्होंने केवल इस बात पर ज़ोर दिया था कि सभी छात्र एक साथ बैठकर खाना खाएं। अदालत ने कहा कि आरक्षण की नीति के तहत दलित महिला को नियुक्त करना न केवल आर्थिक सशक्तिकरण का कार्य है, बल्कि इससे समाज में दलितों के हाशिये पर बने रहने के हालात में भी बदलाव आएगा। इसीलिए अदालत ने नोट किया:

> पोषाहार भोजन योजना के अंतर्गत कार्यकर्ताओं के पदों को भरने के लिए सरकार द्वारा बनाये गये मौजूदा दिशा-निर्देशों में आंगनबाड़ी कार्यकर्ताओं को वरीयता दी जाती है। इसमें गांव के निवासियों या एक ही मोहल्ले में रहने वाले व्यक्तियों को प्राथमिकता दी जाती है। ज़्यादातर मामलों में या तो स्कूल या आंगनवाड़ी

> केंद्र उच्च जातियों के वर्चस्व वाली बस्तियों में स्थित हैं और दिशानिर्देशों में उल्लेख के अनुसार वरीयता को लागू करने से अनुसूचित जाति के सदस्य ऐसे केंद्रों में काम करने से वंचित हो जाएंगे, क्योंकि शायद ही वहां दलित बस्तियों में कोई स्कूल या आंगनवाड़ी केंद्र हैं। इसीलिए सर्वोच्च न्यायालय ने भी भोजन के अधिकार के मामले में राज्यों को यह प्रयास करने का निर्देश दिया कि देश में सभी अनुसूचित जाति और अनुसूचित जनजाति कॉलोनियों में आंगनवाड़ी केंद्र होने चाहिए। इस लक्ष्य को पाने में बरसों लग सकते हैं।

अदालत ने कहा कि जो बच्चे दलितों द्वारा पकाया गया भोजन खाते हैं, वे समुदाय के संबंध में प्रचलित अस्पृश्यता को अस्वीकार करना सीखेंगे। इसके अलावा, अदालत ने 1986 (4) एससीसी 51 में दर्ज भारत सेवाश्रम संघ बनाम गुजरात राज्य के मामले में सुप्रीम कोर्ट का फ़ैसला उद्धृत किया:

> अनुसूचित जाति और जनजाति के शिक्षकों को रखने पर ज़ोर देना भी जनहित में है। बच्चों को ऐसा माहौल दिया जाना चाहिए, जहां उन्हें पारंपरिक रूप से वंचित समुदायों के विद्यार्थियों और शिक्षकों के साथ भी स्वतंत्र रूप से घुलने-मिलने का अवसर मिले। अनुसूचित जाति और अनुसूचित जनजाति के शिक्षकों के प्रति श्रद्धा दिखाने का अवसर आने वाले समय में उस माहौल में पले-बढ़े बच्चे को अनुसूचित जाति और अनुसूचित जनजाति के सदस्यों पर अपनी श्रेष्ठता की भावना को छोड़ने में सक्षम बनाएगा। ऐसा वातावरण एक ऐसे समाज के विकास के लिए भी अनुकूल होगा, जिसमें दूसरों के प्रति घृणा या अवमानना की भावनाओं से मुक्त व्यक्ति हों।

अदालत ने कहा कि तमिलनाडु सरकार को केंद्र सरकार के सर्कुलर का पालन करने की आवश्यकता नहीं है और कर्मचारियों की नियुक्ति में सामुदायिक समावेश के लिए 30 जून 2008 के जीओ में निर्धारित रोस्टर सिस्टम तमिलनाडु में सभी मध्याह्न भोजन योजनाओं के लिए पदों को भरते समय अनिवार्य रूप से अपनाया

जाना चाहिए। यह आदेश 19 अप्रैल 2010 को पारित किया गया था।

तत्कालीन मुख्यमंत्री कलैगनर करुणानिधि ने तुरंत इस फ़ैसले को लागू किया और 6 जुलाई 2010 को जीओ नंबर 142 (समाज कल्याण) जारी किया। पोतुमल्ली के संघर्ष के परिणामस्वरूप लगभग 25,000 दलित महिलाओं को आरक्षण द्वारा नियुक्त करने का अवसर पैदा हुआ। यह खेद की बात है कि उन्हें आज तक कोई नियुक्ति नहीं मिली है। तमिलनाडु के उदाहरण के बाद उत्तर प्रदेश की मुख्यमंत्री मायावती ने एक जीओ जारी किया, जिसे निहित स्वार्थों के कड़े प्रतिरोध का सामना करना पड़ा।

इंडिया टुडे (17 जुलाई 2010) की एक रिपोर्ट के अनुसार, दलित रसोइयों द्वारा तैयार किये गये मध्याह्न भोजन से बचने के लिए यूपी में 1,000 से अधिक बच्चे सरकारी स्कूलों से निजी स्कूलों में चले गये। जन साहस सामाजिक विकास सोसाइटी के मार्च 2009 में जारी एक अध्ययन से पता चलता है कि कैसे मध्य प्रदेश के स्कूलों में अस्पृश्यता का चलन जारी है। वहां 63 प्रतिशत दलित बच्चों को मध्याह्न भोजन के लिए अन्य विद्यार्थियों से अलग पंक्तियों में बैठने के लिए कहा जाता है। लेकिन तमिलनाडु में सामाजिक न्याय के बारे में अधिक जागरूकता होने के कारण पोतुमल्ली मामले का बहुत असर हुआ।

तमिलरसि

आज तमिलरसि[1] अपनी जीत की मिठास का स्वाद चखने के लिए जीवित नहीं हैं, लेकिन किसी को भी उस तरह के अपमान और धमकियों का सामना नहीं करना चाहिए, जो उन्हें करना पड़ा। न्याय के लिए उन्होंने जो लड़ाई लड़ी, वह बहुत महत्त्वपूर्ण और अभूतपूर्व थी।

तमिलरसि स्नातकोत्तर थीं। वह अविवाहित थीं और अपने वृद्ध माता-पिता के साथ रहती थीं। वह अपने घर के पास रहने वाले बच्चों को अंग्रेजी में ट्यूशन देती थीं। वह एक आंगनवाड़ी कार्यकर्ता भी थीं, जिन्होंने सन् 1982 में यह काम शुरू करके 25 साल का कार्यकाल पूरा किया। इस दौरान उन्हें जिला कलेक्टर से उत्कृष्ट कार्य के लिए पुरस्कार मिला। सन् 2006 में उनके और उनके वरिष्ठ के बीच हुए विवाद के कारण उन्हें सेवा से हटा दिया गया। औपचारिक रूप से यह कहा गया कि तूतीकोरिन के जिला कलेक्टर ने उन्हें सेवा से हटाने का आदेश दिया। लेकिन जो हुआ, वह थोड़ा और जटिल था। जब वह चिकित्सा अवकाश पर थीं, तब उनके वरिष्ठ तिलाना मोहनम्बल ने तमिलरसि को सिज़ोफ्रेनिक घोषित करने के लिए सहायक चिकित्सा अधिकारी से एक प्रमाणपत्र ले लिया। वह प्रमाणपत्र जिला कलेक्टर को भेजा गया। इसी प्रमाणपत्र के आधार पर उन्हें सेवा से हटाने का आदेश दिया गया था। जैसा कि अदालत ने बाद में नोट किया:

> वर्तमान मामले में न तो कोई जांच की गयी और न ही याचिकाकर्ता को अपना

[1] ए. तमिलरसि बनाम जिला कलेक्टर, तूतीकोरिन, 2007 (6) एमएलजे 425 = 2007 (4) एलएलएन 452

बचाव करने का कोई उचित अवसर दिया गया। आरोपपत्र और बर्ख़ास्तगी के आदेश सन् 2006 में जनवरी और फरवरी के महीनों के दौरान दिये गये थे, जब याचिकाकर्ता प्रमाणपत्र और छुट्टी के आवेदन देने के बाद चिकित्सा अवकाश पर थीं।

तमिलरसि ने मद्रास उच्च न्यायालय की मदुरै पीठ के समक्ष एक रिट याचिका दायर की। अदालत ने कहा:

> यह दुर्भाग्यपूर्ण था कि तीसरा प्रतिवादी, भले ही वह बाल विकास अधिकारी हो, यह कहे कि ... याचिकाकर्ता की मानसिक स्थिति ठीक नहीं थी। इस तरह के शब्दों को किसी भी प्रासंगिक क़ानून में जगह नहीं मिलती है। न ही एक कल्याण अधिकारी होने के नाते उसने याचिकाकर्ता की पारिवारिक पृष्ठभूमि सहित उसके हालात का पता लगाने का कोई कोशिश की। उसने मानसिक स्वास्थ्य अधिनियम, 1987 के तहत आवश्यक उचित प्रमाणपत्र के लिए उसे मेडिकल बोर्ड में भेजने का भी कोई प्रयास नहीं किया।

भारतीय पागलपन अधिनियम, 1912, जो औपनिवेशिक काल के दौरान लागू था, को समाप्त कर दिया गया है। सन् 1987 में संसद ने मानसिक स्वास्थ्य अधिनियम बनाया। इस अधिनियम के तहत केवल एक चिकित्सा समिति, जिसमें एक मनोचिकित्सक शामिल हो, यह निर्धारित कर सकती है कि क्या कोई व्यक्ति मानसिक रूप से बीमार है। यद्यपि विभिन्न प्रकार के मानसिक रोग होते हैं, मानसिक रूप से बीमार व्यक्ति जैसा कि अधिनियम में परिभाषित किया गया है, 'मानसिक मंदता के अलावा किसी मानसिक विकार के लिए उपचार की आवश्यकता' वाला व्यक्ति होता है। पहली समस्या यह पता लगाने की थी कि क्या तमिलरसि वास्तव में मानसिक रूप से अस्वस्थ थीं और क्या उन्हें सिज़ोफ्रेनिया है। यह किसी भी चिकित्सा अधिकारी से पूछकर नहीं किया जा सकता है, जैसा कि उनकी वरिष्ठ तिलाना मोहनम्बल ने किया था।

तमिलरसि ने अदालत में कहा कि यह कहना गलत है कि वह मानसिक रूप से अस्वस्थ हैं। उन्होंने कहा कि बर्ख़ास्तगी के आदेश को रद्द किया जाना चाहिए। काफी सोचने के बाद वह मदुरै राजाजी अस्पताल में जांच कराने के लिए तैयार हुईं। मनोरोग विभाग के प्रमुख डॉ. रामसुब्रमण्यम ने उन्हें एक महीने तक निगरानी में रखा और प्रमाणित किया कि वह ऐसी किसी भी मानसिक बीमारी से पीड़ित नहीं हैं, जो उन्हें अपने कर्त्तव्य का पालन करने से रोकती है। रिपोर्ट में स्पष्ट है:

> मेरी राय है कि वह पैरानॉयड सिज़ोफ्रेनिक बीमारी से पीड़ित हैं और उनके सभी लक्षण दवाओं से अच्छी तरह नियंत्रित हैं और वह अच्छी हालत में हैं। एक मानसिक स्वास्थ्य विशेषज्ञ और प्रभावी एंटीसाइकोटिक दवाओं और मूड स्टेबलाइजर्स की देखरेख में वह अपनी आधिकारिक ज़िम्मेदारी निभाने में सक्षम होंगी।

यह प्रमाणपत्र एक सीलबंद लिफाफे में भेजा गया था और उसके बाद मामला सूचीबद्ध किया गया। एक बार जब सरकारी वकील को प्रमाणपत्र का आशय पता चल गया, तो उसने मामले को स्थगित करने का प्रयास किया। अदालत ने वकील को सूचित किया कि 10 अक्टूबर 2007 को फ़ैसला सुनाया जाएगा। अदालत की राय में यह एक उपयुक्त दिन था, क्योंकि यह विश्व मानसिक स्वास्थ्य दिवस था।

हालांकि मानसिक स्वास्थ्य के मुद्दों के लिए एक विशेष दिन समर्पित किया गया है, लेकिन हम इससे अनजान हैं। हम मानसिक बीमारी को भी हल्केपन से यह कहकर ख़ारिज कर देते हैं कि यह तो पश्चिमी देशों में होती है। एक लाख लोगों वाले किसी भी शहर में कम से कम 300 व्यक्तियों को मानसिक स्वास्थ्य समस्याएं होंगी। तमिलनाडु में आम तौर पर लोग ऐसे व्यक्तियों के इलाज के लिए रामनाथपुरम जिले में इरवाड़ि दरगाह और गुणशीलम विष्णु मंदिर जैसे स्थानों की शरण में जाते हैं। इन जगहों पर इलाज के लिए मानसिक स्वास्थ्य और धार्मिक कर्मकांड को मिला दिया जाता है, जो नि:शुल्क होता है। अगर कोई मनोचिकित्सक के पास जाता है, तो हम उसे पागल करार देते हैं। हमारे पास कन्याकुमारी का एक उदाहरण था, जहां कलेक्टर ने

भिखारियों को मानसिक रूप से बीमार करार दिया और उन्हें चेन्नै के मानसिक स्वास्थ्य अस्पताल में ठूंस दिया। यह केवल उन्हें उस इलाक़े से हटाने के लिए किया गया।

अदालत ने बर्ख़ास्तगी के आदेश की निंदा की, जो बिना किसी औचित्य या जांच के पारित किया गया था। अदालत ने आदेश दिया कि तमिलरसि को पिछले वेतन के साथ बहाल किया जाना चाहिए। उसने कहा:

> एक सरकारी कर्मचारी के मामले में, जो सेवा के दौरान विकलांग हो जाए, प्रतिवादियों का खुद ही उसे पागल करार देना और बिना किसी तथ्यात्मक सामग्री के उसे सरकारी नौकरी के लिए अयोग्य घोषित करना बहुत गलत है। यह बहुत दुखद स्थिति है। यह मौजूदा विशेष क़ानून को समझने में प्रतिवादियों की पूर्ण अज्ञानता को दर्शाता है। इसके लिए प्रशासन् को और अधिक संवेदनशील होने की आवश्यकता है।

मानसिक स्वास्थ्य के प्रति संवेदनशीलता के बिना कार्य करने वाले जिला कलेक्टर पर 5,000 रुपये का जुर्माना लगाया गया।

यदि कोई सरकारी कर्मचारी सेवा के दौरान मानसिक रूप से बीमार हो जाता है और अपने कर्त्तव्यों को पूरा करने में असमर्थ होता है, तो उसे इस तरह सेवा से हटाया नहीं जा सकता है। विकलांग व्यक्ति (समान अवसर, अधिकारों का संरक्षण और पूर्ण भागीदारी) अधिनियम 1995 की धारा 47 में प्रावधान है कि मानसिक बीमारी से पीड़ित किसी भी कर्मचारी को सेवा से नहीं हटाया जा सकता है।

> भले ही याचिकाकर्ता मानसिक बीमारी के कारण विकलांग पाया गया हो, विकलांग अधिनियम की धारा 47 पहले के समान वेतन पर उपयुक्त वैकल्पिक रोजगार प्रदान करने को अनिवार्य बनाती है।

यह पहला मामला था, जिसमें धारा 47 पर विचार किया गया था।

निडर जानकी दादी

जानकी दादी[1] का घर मंदिरों के शहर कुंभकोणम में पश्चिम सन्नति स्ट्रीट में मंदिर से महज बीस फुट की दूरी पर है। गली के सभी घर गली के स्तर से दो फुट ऊपर बनाये गये थे। उनके घर के प्रवेशद्वार पर दो छोटी सीढ़ियाँ थीं। सन् 2005 में कुंभकोणम नगरपालिका सीढ़ियों को तोड़ने के लिए अचानक जानकी दादी के दरवाजे पर जा पहुंची। कारण पूछे जाने पर उन्होंने बताया कि उच्च न्यायालय ने नगर पालिका सीमा के भीतर सभी अतिक्रमणों को हटाने का आदेश दिया था।

यदि सीढ़ियों को तोड़ दिया जाता, तो दादी अपने ही घर में एक कैदी बनकर रह जातीं। वह अपनी उम्र के कारण आसानी से आने-जाने में असमर्थ होतीं। जानकी दादी ने इसके बारे में मद्रास उच्च न्यायालय की मदुरै पीठ को एक पत्र लिखा। उसने अपने पत्र में कहा कि उसके पास वकील खड़ा करने का कोई साधन नहीं है। उसने उच्च न्यायालय से नगरपालिका को उसकी सीढ़ियां तोड़ने से रोकने का अनुरोध किया। उसने पड़ोस के घर में रहने वाले एक छोटे से लड़के से पत्र डाक में डालने के लिए कहा और बाकी भगवान सारंगपाणि पेरुमल पर छोड़कर वह अपने रोजमर्रा के कामों में लग गयी। उच्च न्यायालय ने उनके पत्र को रिट याचिका के रूप में स्वीकार करते हुए नगरपालिका को नोटिस जारी किया। अदालत ने नोट किया:

> अधिकारियों से गुहार लगाने के बावजूद उन्होंने दो सीढ़ियों को तोड़ दिया है, जो उसके घर में प्रवेश करने का एकमात्र जरिया हैं। उसने यह भी दलील दी है कि

[1] एस. जानकी बनाम जिला कलेक्टर, तंजावुर, डब्ल्यू.पी. (एमडी) 2005 की संख्या 2871, दिनांक 10.9.2008

वह एक वकील खड़ा नहीं कर सकती और अपनी दो सीढ़ियों को फिर बनवाने की गुहार लगाने के लिए इस अदालत के सामने पेश नहीं हो सकती ... उसने अपने पत्र में भी कहा था कि दोनों में से हर सीढ़ी की लंबाई, चौड़ाई और ऊंचाई 27 इंच गुणा 11 इंच गुणा 9 इंच है। इन सीढ़ियों से किसी को कोई नुकसान या बाधा नहीं पहुंचती थी।

ढाई साल बाद नगरपालिका ने जवाब दाख़िल किया। इसमें कहा गया है कि अतिक्रमण हटाना उसका कर्त्तव्य है और यदि छोटे अतिक्रमणों को हटाना प्रतिबंधित है, तो वे बड़े अतिक्रमण कैसे हटा सकते हैं! इस जवाब से संतुष्ट न होने पर उच्च न्यायालय ने उन्हें पश्चिम सन्नति स्ट्रीट की तस्वीर और गली का नक्शा भी दाख़िल करने का निर्देश दिया। मानचित्र ने दिखाया कि दो सीढ़ियां 0.1748 वर्ग फुट (0.25 वर्ग फुट से कम) की जगह पर थीं और सड़क बीस फुट चौड़ी थी। नगरपालिका द्वारा दाख़िल फोटो में देखा गया कि जानकी दादी के घर के सामने गली के बीचों-बीच बिजली का खंभा खड़ा था। जब उच्च न्यायालय ने नक्शा और फोटो देखा, तो एक बात स्पष्ट हो गयी: नगरपालिका का कार्य दुर्भावनापूर्ण और तुच्छ था। उसकी इस कार्रवाई से कोई जनहित नहीं हुआ। वह केवल सन्नति स्ट्रीट के निवासियों को दंडित करना चाहती थी। इसके अलावा, सन्नति स्ट्रीट कोई चलता हुआ रास्ता नहीं थी, क्योंकि गली मंदिर पर समाप्त होती थी।

अदालत ने कहा:

आयुक्त को अपनी प्राथमिकताओं के बारे में स्पष्ट होना चाहिए। कभी-कभार भक्तों का अपनी कारों में आना ... वृद्धा के घर के सामने से दो छोटी सीढ़ियों को हटाने का आधार नहीं हो सकता है। इन सीढ़ियों से कोई कठिनाई या बाधा नहीं थी, जैसा कि तस्वीरों से भी नजर आता है। याचिकाकर्ता जैसे लोग साल में 365 दिन इस जगह पर रहते हैं। याचिकाकर्ता जैसी बूढ़ी औरत से 2 फुट की ऊंचाई पर चढ़कर घर में प्रवेश करने की उम्मीद करना क्रूरता है।

उच्च न्यायालय ने न केवल नगरपालिका की निंदा की, बल्कि यह भी आदेश दिया कि उन दो छोटी सीढ़ियों को फिर से बनाया जाए। इसने फ़ैसले की एक प्रति दादी को मुफ्त भेजने का निर्देश दिया।

जानकी दादी की इस निडरता की प्रशंसा में जितने भी शब्द कहें जाएं, वे कम होंगे। अपनी वृद्धावस्था के बावजूद उसने अपने हथियार के रूप में सिर्फ़ एक पोस्टकार्ड के ज़रिए न्याय के लिए लड़ाई लड़ी और जीती।

शौचालय की समस्या

हम सिंधु घाटी सभ्यता की संतान हैं। हम उन लोगों के वंशज होने पर गर्व कर सकते हैं, जिन्होंने 5,000 साल पहले स्नानागार और शौचालय बना लिए थे। हममें से कोई भी मोहनजोदड़ो और हड़प्पा के बारे में पढ़े बिना इतिहास की परीक्षा पास नहीं कर पाता। पाकिस्तान में हैदराबाद से 62 किलोमीटर की दूरी पर सीमा के भारतीय हिस्से में लोथल गांव में की गयी खुदाई में मिट्टी से बनाकर पकाये गये सीवेज चैनल मिले। हड़प्पा के अवशेष से जली हुई मिट्टी से बने स्नानागार और शौचालय का पता चलता है। मोहनजोदड़ो में खुदाई से पता चला कि उस समय के द्रविड़ों के घरों के भीतर शौचालय थे।

ओह, एक ग़ौरवशाली विरासत के वंशज! तमिलनाडु और तमिलभाषियों का अब इतना पतन हो गया है! आप अपना इतिहास क्यों भूल गये हैं? एशियाई-अफ्रीकी देशों में 42 प्रतिशत लोगों ने खुले स्थानों को शौचालयों में बदल दिया है, जबकि हम अब भी खुले में शौच से होने वाले संक्रामक रोगों और स्वास्थ्य के लिए ख़तरों का बोझ उठाए हुए हैं। एक मामले में उच्च न्यायालय ने ऐसे सवाल पूछे थे। लेकिन आइए, हम एक और मामले को देखते हैं। शौचालयों की समस्या का मामला।

अंबत्तूर में एक जिला मुंसिफ कोर्ट है। रोज 2,000 नागरिक इस अदालत में आते हैं, जिनमें से 200 वकील हैं और 20 अदालत के कर्मचारी हैं। नवंबर 2006 में अचानक एक दिन न्यायालय के परिसर के शौचालयों के दरवाज़े बंद कर दिये गये। इसकी वजह किसी को मालूम नहीं थी। एक सप्ताह तक इस यातना को झेलने के बाद एक महिला वकील रेणुका देवी ने एक तमिल अख़बार के शिकायत स्तंभ

में एक पत्र लिखा। मैंने इसे पढ़ा और तत्कालीन मुख्य न्यायाधीश ए.पी. शाह को इसका अनुवाद दिखाया। हमने इसे एक रिट याचिका के रूप में मंजूर कर लिया और अंबत्तूर नगरपालिका के आयुक्त को तलब किया। वह अदालत में पेश हुए और उन्होंने माफ़ी मांगी। उन्होंने जनकारी दी कि नगरपालिका कार्यालय को एक नये भवन में स्थानांतरित कर दिया गया था। उनका स्पष्टीकरण यह था: 'शौचालय पुराने नगरपालिका कार्यालय में स्थित था, जिसे बाद में एक नये भवन में स्थानांतरित कर दिया गया था। चूंकि जिस व्यक्ति को इसकी देखरेख करनी थी, उसका भी तबादला हो गया था, इसलिए वह शौचालय को बंद करके चला गया। उच्च न्यायालय से नोटिस मिलने के बाद ही यह गलती मेरे ध्यान में आयी। मैंने तुरंत कदम उठाया। शौचालयों की सफ़ाई और दीवारों की पुताई कराकर पानी की टंकियों में पानी भर दिया गया। मैंने अदालत को चाबियां सौंप दी हैं।' उच्च न्यायालय ने स्वत: संज्ञान लेते हुए 48 घंटे में समस्या को हल कर दिया। और यह सब इसलिए हुआ, क्योंकि एक महिला वकील ने एक अख़बार के संपादक को पत्र लिखकर अपनी पीड़ा व्यक्त की थी।

महात्मा गांधी ने कहा था कि भारत गांवों में बसता है। लेकिन आज भी हज़ारों गांवों में रहने वाले ग़रीब लोगों के पास शौचालय की समुचित व्यवस्था नहीं है। इस समस्या को दूर करने के लिए विश्व बैंक द्वारा प्रदान की गयी धनराशि से कई गाँवों में सार्वजनिक शौचालय बनाने की योजनाएं लायी गयीं। कई जगह शौचालयों के स्थान को लेकर तुरंत ही विवाद खड़ा हो गया, क्योंकि लोगों ने ज़ोरदार विरोध करते हुए कहा कि उनके घरों के पास शौचालय नहीं बनाये जाने चाहिए। इन आपत्तियों को उच्च न्यायालय ने रिट याचिका के रूप में लिया। सभी मामलों को सूचीबद्ध करना असंभव है। मैं आपको एक किस्सा बताता हूं।

सेलम जिले का एक गांव अयोध्यापट्टिनम है। ग्राम पंचायत ने अन्ना मरुमलारची योजना के तहत उपयोग के लिए उपलब्ध स्थान में सार्वजनिक शौचालय बनाने का प्रस्ताव पारित किया और पंचायत ने एक ठेकेदार को काम सौंप दिया। तमिलरसि और दो अन्य ग्रामीणों ने इसका विरोध किया।

अदालत ने मामले की सुनवाई की, इसे ख़ारिज कर दिया और पंचायत के संकल्प

की पुष्टि की।[1] अदालत ने नोट किया:

> प्रतिवादियों ने स्पष्ट रूप से यह बात रखी है कि शौचालय बनाने की आवश्यकता थी, क्योंकि उस क्षेत्र में 50 दलित परिवार रहते हैं। इसके अलावा, विचाराधीन भूमि ग्राम नाथम भूमि थी। किसी भी रिसाव से बचने के लिए पर्याप्त सुरक्षा उपाय किये गये हैं और शौचालय आधुनिक तरीके से बनाये जा रहे हैं। ... याचिकाकर्ताओं का यह तर्क स्पष्ट रूप से ग़लत पाया गया कि शौचालय उनके स्वामित्व वाली भूमि पर था। ... नगर पंचायत एक निर्वाचित निकाय है। जनता की ज़रूरतों, ख़ासकर दलितों की ज़रूरतों को ध्यान में रखते हुए उन्होंने सर्वसम्मति से ज़रूरतमंद लोगों के लिए शौचालयों के निर्माण का प्रस्ताव पारित किया है।
>
> कोर्ट ने आदेश दिया:
>
> प्रतिवादी पंचायत के ऐसे प्रयासों को याचिकाकर्ता रोक नहीं सकते। चूंकि काफी निर्माण हो चुका है, इसलिए याचिकाकर्ता इसे बिना किसी उचित आधार के चुनौती नहीं दे सकते। याचिकाकर्ता ... पारित प्रस्ताव के अनुसार की गयी नगर पंचायत की कार्रवाई को चुनौती देने के लिए आगे आये। याचिकाकर्ताओं द्वारा दिये गये तर्कों को स्वीकार नहीं किया जा सकता है।

यह वास्तव में आश्चर्यजनक है कि जो लोग अपने घरों में संलग्न बाथरूम बनाकर रहते हैं, वे सार्वजनिक शौचालयों के निर्माण की योजना का विरोध करें। यही कारण है कि इस अध्याय की शुरुआत यह पूछकर हुई कि जिस देश में सभ्यता का विकास हुआ है, उसका इतना पतन क्यों हो गया है। शौचालयों को पुलिस सुरक्षा दी जानी थी। उत्तरी चेन्नै में सुलभ संस्था ने 225 शौचालयों का निर्माण और रखरखाव किया। हालांकि चेन्नै निगम ने सुलभ के साथ किये गये रखरखाव अनुबंध को रद्द कर दिया।

[1] आर. तमिलरसि बनाम जिला कलेक्टर, 2010 (8) एमएलजे 662 = 2010 रिट एलआर 680

निगम के उस क्षेत्र के पार्षदों ने शौचालयों को तत्काल अपने काबू में लेकर फीस वसूलनी शुरू कर दी। स्वास्थ्यकर्मियों ने इसका विरोध किया और अपनी यूनियन के माध्यम से मामला दर्ज कराया। उनकी सुनवाई के बाद अदालत ने आदेश दिया कि पुलिस उपायुक्त को उन 51 शौचालयों को अपने नियंत्रण में लेना चाहिए, जिन्हें पार्षदों ने अवैध रूप से अपने क़ब्ज़े में ले लिया था। शौचालयों को पुलिस सुरक्षा देने का भी आदेश दिया गया। एक तमिल अखबार ने 'टॉयलेट गार्जियंस' शीर्षक से एक कार्टून प्रकाशित किया।

उप-मंडल स्तर पर महिला उप-जेल जैसे छोटे प्रतिष्ठानों में न तो शौचालय की सुविधा है और न ही कोई परदा है। इस संबंध में अदालत में शिकायत की गयी थी। अदालत ने स्वत: संज्ञान से इसे एक याचिका के रूप में लिया और अधिवक्ता सुधा रामलिंगम को अधिवक्ता आयुक्त के रूप में नियुक्त किया। उन्हें तमिलनाडु की जेलों का दौरा करके एक रिपोर्ट दाख़िल करने का निर्देश दिया गया। उनकी रिपोर्ट तमिलनाडु की जेलों में व्याप्त अंधकार को प्रकाश में लायी। उनकी रिपोर्ट के आधार पर अदालत ने सरकार और जेल अधिकारियों को कई निर्देश जारी किये। उनमें से एक सभी उप-जेलों में पानी की सुविधा वाले शौचालयों का तत्काल निर्माण और परदा सुनिश्चित करने के लिए दरवाजों के साथ चार फीट ऊंची परिसर की दीवारें बनाने के बारे में था।[2] सरकार ने अदालत के निर्देशों को लागू करने का आदेश दिया। महिला कैदियों की स्थिति में मामूली सुधार हुआ।

संयुक्त राज्य अमेरिका में किये गये एक जनमत सर्वेक्षण ने उत्तरदाताओं से बीसवीं शताब्दी के सबसे महान आविष्कार का नाम देने को कहा। जवाब परमाणु ऊर्जा या टेलीविजन या उपग्रह नहीं था। आधुनिक शौचालय के आविष्कार को वोट मिले।

केवल इसलिए कि तत्कालीन मुख्य न्यायाधीश गोखले (मद्रास उच्च न्यायालय) ने शौचालयों के महत्त्व को समझा, अंतर्राष्ट्रीय महिला दिवस (8 मार्च 2010) को अदालत परिसर में शौचालयों के उद्घाटन के लिए एक समारोह आयोजित किया गया। एक अख़बार ने इसे तस्वीरों के साथ छापा। फिर भी यह दुख की बात है कि

[2] 2006 की स्वत: संज्ञान रिट याचिका संख्या 21243, दिनांक 18.3.2007 (डीबी)

अदालतों में हज़ारों की संख्या में आने वाली जनता के लिए पर्याप्त शौचालय नहीं हैं। सन् 2015 में हरियाणा राज्य ने पंचायती राज अधिनियम में एक संशोधन लाने का अभूतपूर्व कदम उठाते हुए कहा कि जिनके घर में शौचालय हैं, केवल वे ही पंचायत चुनाव लड़ सकते हैं। सर्वोच्च न्यायालय ने भी इस संशोधन को वैध करार दिया है।

दुर्गामूर्ति

कुछ साल पहले एक सेलफोन कंपनी ने एक विज्ञापन प्रकाशित किया था जिसमें हमें बात करने, खूब बात करने और बात करते रहने के लिए कहा गया था। तब से हमारे देश के लोगों ने अपने फोन पर बात करना बंद नहीं किया है। एक पूर्व केंद्रीय मंत्री की यह टिप्पणी करने के लिए कड़ी आलोचना की गयी थी कि उनके इलाक़े के जिन लोगों के पास शौचालय की सुविधा तक नहीं है, वे भी सेल फोन के लिए लालायित हैं।

महाकवि भारती ने भारत माता के 30 करोड़ चेहरों वाली होने की कल्पना की थी, जिसने अपने 60 करोड़ हाथों से न्याय को कायम रखा है। आज उन्होंने गाया होता कि भारत माता अपने 120 करोड़ चेहरों और 240 करोड़ हाथों के साथ अपने सेलफोन पर बात करती हुई कई जीवन बिताती हैं। तमिलनाडु की जनसंख्या 7.21 करोड़ है, लेकिन मोबाइल फोन के उपयोग को देखते हुए आप सोचेंगे कि यह कहीं अधिक ही है।

आज मोबाइल फोन केवल संवाद का साधन नहीं है। यह एक मिनी कंप्यूटर, कैमरा, वॉयस रिकॉर्डर, कैलेंडर और उपकरण है, जो छोटे संदेश भेजता है और समाचार प्राप्त करता है। इसके अलावा, यह एक अलार्म घड़ी भी है और वीडियो गेम, दैनिक समाचार, रेडियो, म्यूजिक प्लेयर और टेलीविजन भी प्रदान करता है।

यह ज़्यादातर लोगों के लिए एक बहुत ही घनिष्ठ मित्र बन गया है। लेकिन अदालतों ने सेलफोन के प्रवेश पर रोक लगा रखी है। सन् 2005 के शुरू में गुजरात उच्च न्यायालय ने एक आदेश जारी करते हुए कहा कि अदालत के सत्र के दौरान सेलफोन का उपयोग अवमानना के बराबर है और यदि उपयोगकर्ताओं के सेलफोन अदालती कार्यवाही में बाधा डालते हैं, तो उनके ख़िलाफ़ कार्रवाई की जा सकती

है। कर्नाटक (2000) और केरल (2001) के उच्च न्यायालयों ने आदेश दिया कि अदालती कार्यवाही की तस्वीरें लेना अवमानना का कार्य है। यदि आप में से कोई आज किसी उच्च न्यायालय में जाएं, तो आप इस तरह के नोटिस देखेंगे: 'मोबाइल फोन प्रतिबंधित हैं'; 'अगर मोबाइल फोन का इस्तेमाल किया गया, तो उसे ज़ब्त कर लिया जाएगा'; 'मोबाइल फोन उपयोगकर्ताओं के ख़िलाफ़ अवमानना के लिए कार्रवाई की जाएगी'। इन्हें पढ़कर ही दिल दहशत से भर सकता है। एक सरकारी कर्मचारी के ख़िलाफ़ अवमानना की कार्यवाही शुरू की गयी थी, जो अपने सेलफोन पर एक केस की रिकॉर्डिंग कर रहा था। वह जज के चरणों में गिर पड़ा और क्षमायाचना करने लगा। इस घटना के बाद तमिलनाडु सरकार ने एक सरकारी आदेश जारी किया, जिसमें अदालत में उपस्थित होने पर अधिकारियों द्वारा पालन किये जाने वाले नियमों को सूचीबद्ध किया गया।

आइए, हम एक राजस्व मंडल अधिकारी (आरडीओ) दुर्गामूर्ति[1] द्वारा भुगती गयी क़ानूनी लड़ाई की बात करें। सन् 1961 में संसद ने अधिवक्ता अधिनियम बनाया। इस अधिनियम की धारा 30 में कहा गया है कि क़ानूनी अधिकारियों को सभी अदालतों, न्यायाधिकरणों और साक्ष्य दर्ज करने के अधिकार वाले अधिकारियों के समक्ष पेश होने का अधिकार है। अज्ञात कारणों से उस धारा को 50 वर्ष तक लागू नहीं किया गया था। वकीलों द्वारा कई प्रदर्शनों के बाद इसे अंततः 15 जून 2011 को तत्कालीन क़ानून मंत्री वीरप्पा मोइली ने लागू किया। उस दिन मदुरै में वकीलों ने किसी अन्य कारण से अदालतों का बहिष्कार किया था। (वह बहिष्कार कई दिन तक चला।) शिवगंगा की आरडीओ दुर्गामूर्ति उच्च न्यायालय की मदुरै पीठ के कोर्ट नं. 4 में मौजूद थीं। वकील न होने के कारण उस दिन अदालत में भीड़ नहीं थी। न्यायाधीश ने उस दिन की सूची को रद्द करके मामलों को स्थगित कर दिया और अपने कक्ष में चले गये। जब दुर्गा अदालत में बैठी थीं, तो उन्हें कलेक्टर का फोन आया। उनका सेलफोन साइलेंट मोड पर था। उन्होंने धीमी आवाज में यह बताने के बाद फोन काट दिया कि वह मदुरै में कोर्ट ड्यूटी पर हैं। एक वकील, जो अपनी पोशाक में नहीं था, दुर्गा के आगे की पंक्ति में बैठा था। उसने अपने सेलफोन से दुर्गा की फोन पर बात करते हुए

[1] के. नीलमेघम बनाम सुश्री दुर्गामूर्ति, 2012 (1) सीटीसी 246

तस्वीर ले ली। इस पर दुर्गा ने आपत्ति की। उनके और वकील के बीच बहस छिड़ गयी, जो उनके अदालत से बाहर आने के बाद भी जारी रही। वकील ने पूछा कि क्या दुर्गा को नहीं पता था कि अदालत कक्ष में सेल फोन का उपयोग अवमानना का काम है। दुर्गा ने उत्तर दिया कि वह दंड प्रक्रिया संहिता के अनुसार एक कार्यकारी मजिस्ट्रेट हैं और इसलिए नियमों को अच्छी तरह से जानती हैं। उन्होंने कलेक्टर के कार्यालय से आए जरूरी कॉल पर बात की थी और यह कहते हुए फोन काट दिया था कि वह अदालत में हैं। वह बिना अनुमति के उसकी तस्वीर लेने के लिए वकील से नाराज थीं, जो उन पर अदालत में सेलफोन का उपयोग करने का आरोप लगा रहा था। हालांकि खुद उसने भी ऐसा ही किया था। यह पता नहीं है कि क्या इसे उच्च न्यायालय के संज्ञान में लाया गया था या क्या अदालत ने इस संबंध में कोई कार्रवाई की थी।

इस घटना के बाद दुर्गा को अपमानित वकील श्री नीलमेघम से एक नोटिस मिला। उसने उन्हें सूचित किया कि उन्होंने अदालत की अवमानना की है, कि उनके आचरण से उसे 'मानसिक पीड़ा' हुई है और वह उनके ख़िलाफ़ आपराधिक कार्यवाही शुरू करेगा। दुर्गामूर्ति ने जवाब दिया कि उन्होंने ऐसा कुछ नहीं किया है और अगर उनके सेलफोन के इस्तेमाल को अवमानना के रूप में माना जाता है, तो जिस वकील ने उनकी तस्वीर खींची थी, उसने भी अवमानना की थी। उन्होंने कहा कि वह किसी भी आपराधिक कार्रवाई का सामना करने के लिए तैयार हैं।

30 जून 2011 को नीलमेघम ने उच्च न्यायालय में एक शिकायत भेजकर दुर्गामूर्ति के ख़िलाफ़ अवमानना कार्यवाही शुरू करने का अनुरोध किया। उन्होंने मदुरै के ओथक्कडई पुलिस स्टेशन में एक आपराधिक शिकायत भी दर्ज करायी कि दुर्गामूर्ति ने उन्हें मौखिक रूप से गाली और धमकी दी थी। चूंकि उनकी दो शिकायतों पर कोई कार्रवाई नहीं हुई, इसलिए उन्होंने उच्च न्यायालय में अवमानना याचिका दायर की। अवमानना दो तरह की होती है – दीवानी और फ़ौजदारी। अदालत के आदेशों का पालन करने से इनकार करने को दीवानी अवमानना माना जाता है। अदालती कार्यवाही में बाधा डालना आपराधिक अवमानना का मामला है। यदि कोई व्यक्ति अदालत के सत्र के दौरान सेलफोन का उपयोग करता है और कार्यवाही में बाधा डालता है, तो न्यायाधीश, जो अदालत का पीठासीन अधिकारी होता है,

तुरंत स्वत: संज्ञान लेकर अवमानना करने वाले को दंडित कर सकता है। अन्यथा आपराधिक अवमानना के लिए याचिका दायर करने वाले व्यक्ति को महाधिवक्ता की लिखित मंजूरी मिलनी चाहिए। चूंकि नीलमेघम द्वारा दायर याचिका में यह मंजूरी नहीं थी, इसलिए रजिस्ट्रार ने मामले को फाइल पर लेने से इनकार कर दिया। वकील ने तब प्रशासनिक न्यायाधीश से शिकायत की और उसके बाद मामला सूचीबद्ध करके दुर्गामूर्ति को अदालत में पेश होने के लिए कहा गया। उन्होंने अदालत में आकर अपना स्पष्टीकरण दिया। अदालत ने नोट किया:

> याचिकाकर्ता से क़ानूनी नोटिस प्राप्त करने के बाद थोड़े से समय के लिए ही सही, सेलफोन का उपयोग करने की अपनी गलती को स्वीकार करने और बाद में अवमानना याचिका दायर किये जाने के बाद उन्होंने अदालत की कार्यवाही के प्रति सम्मान व्यक्त करते हुए बिना शर्त माफ़ी मांगी। यह स्पष्ट रूप से दर्शाता है कि उन्होंने कभी कोई अवमानना नहीं की, यहां तक कि न्याय के दौरान प्रशासन को बाधित करने की प्रवृत्ति के लिए आपराधिक अवमानना करने का इरादा भी नहीं किया था। इसे देखते हुए अवमानना याचिका अवश्य ही ख़ारिज होनी चाहिए। तद्नुसार यह ख़ारिज किये जाने योग्य है।

न्यायाधीश ने दोनों पक्षों को सुनने के बाद अवमानना की कार्यवाही को ख़ारिज कर दिया। अदालत ने वकील को अपने सेलफोन से दुर्गामूर्ति की तस्वीर लेने के लिए भी फटकार लगायी। अदालत ने अपने आदेश में कहा कि अदालत में वकीलों के लिए सेलफोन का इस्तेमाल अकसर ज़रूरी होता है और जब तक यह अदालती कार्यवाही में बाधा नहीं डालता, केवल इसका इस्तेमाल करने को अपराध नहीं माना जा सकता है। दोषमुक्त होने पर दुर्गामूर्ति ने राहत की सांस ली।

कस्तूरी

'चरखा चला-चला के स्वराज्य लेंगे' हमारे स्वतंत्रता सेनानियों का जीवंत नारा था। इसका मतलब है कि खादी की कताई हमें आज़ादी की ओर ले जाएगी। हमें आज़ादी मिलने के बाद जो कुछ हुआ, वह त्रासद है। हमारी आज़ादी की प्रबल कामना की प्रतीक खादी, विदेशी कपड़ों को दरकिनार करके पहनी जाने वाली खादी के साथ अब उस आज़ादी की भी अवमानना की जाने लगी है, जिसकी यह प्रतीक है।

सर्वोच्च न्यायालय के न्यायमूर्ति वी.आर. कृष्णा अय्यर हमेशा खादी पहनते थे – सफ़ेद खादी की कमीज़ और धोती। वह पैरों में रबर की चप्पल पहनते थे। एक बार चेन्नै में एक दोस्त ने उन्हें मद्रास क्रिकेट क्लब (एमसीसी) में रात के खाने के लिए आमंत्रित किया। लेकिन दरबान ने उन्हें क्लब में प्रवेश नहीं करने दिया। क्लब में अनिवार्य ड्रेस कोड पश्चिमी कपड़े थे: पतलून और शर्ट। हालांकि मेजबान ने दरबान से यह तक कहा कि उनके अतिथि सर्वोच्च न्यायालय के सेवानिवृत्त न्यायाधीश हैं। दरबान ने कहा कि यह क्लब का नियम है और इसका उल्लंघन नहीं किया जा सकता। न्यायमूर्ति कृष्ण अय्यर को इस बहस से बुरा लगा। उन्होंने दरबान से आगंतुक पुस्तिका लाने का अनुरोध किया। कृष्णा अय्यर ने उसमें कुछ शब्द लिखे और वहां से चले गये।

> मैं रात के खाने के लिए एक अतिथि के रूप में आया था, लेकिन दरबान ने एमसीसी के प्रवेश द्वार पर रोक दिया, क्योंकि मैंने पश्चिमी पोशाक नहीं पहनी थी, जो एमसीसी संस्कृति के अनुसार एकमात्र स्वीकार्य परिधान है। दुख है कि स्वराज ने देश को आज़ाद तो किया है, लेकिन यह आज़ादी एमसीसी की

दहलीज पर रुक गयी है। मैं बिना भोजन किये, लेकिन एक गर्वित भारतीय के रूप में यहां से लौटा।

यह घटना औपनिवेशिक अवशेषों को ढोते रहने की सनक को दर्शाती है। हमारे संविधान में 1976 में संशोधन किया गया था। इसने प्रत्येक नागरिक के लिए मौलिक कर्त्तव्यों की शुरुआत की। अनुच्छेद 51-ए (बी) कहता है कि भारत के प्रत्येक नागरिक का यह कर्त्तव्य है कि वह 'उन महान आदर्शों को संजोये और उनका पालन करे, जिन्होंने हमारे राष्ट्रीय स्वतंत्रता संग्राम को प्रेरित किया'।

एक निजी निकाय के लिए हमारे मौलिक कर्त्तव्यों का उल्लंघन करना बहुत ख़राब बात है। क्या हम देखें कि कैसे एक सार्वजनिक प्राधिकरण अपनी ही एक कर्मचारी कस्तूरी के पीछे हाथ धोकर पड़ गया, क्योंकि उसने अपने मौलिक कर्त्तव्य का पालन किया था?[1]

भारत में हवाई अड्डों का प्रशासन शुरू में नागरिक उड्डयन मंत्रालय के पास था। सन् 1985 में संसद ने हवाई अड्डा प्राधिकरण अधिनियम लागू किया। भारतीय विमानपत्तन प्राधिकरण का गठन किया गया और सन् 1986 में सभी हवाई अड्डों को लोक निर्माण विभाग के अधीन लाया गया। कस्तूरी हवाई अड्डा प्राधिकरण के चेन्नै कार्यालय में एक वरिष्ठ कार्यालय सहायक थीं। बचपन से ही गांधीजी के आदर्शों से प्रेरित होकर उन्होंने जीवन भर केवल खादी या हैंडलूम के कपड़े पहनने की शपथ ली थी।

सन् 1994 में भारतीय विमानपत्तन प्राधिकरण ने अपने कर्मचारियों के लिए वर्दी निर्धारित की। यह वर्दी सिंथेटिक रेशम या पॉलिएस्टर के कपड़े की थी। हालांकि वर्दी अनिवार्य थी, लेकिन कपड़े के बारे में कोई नियम नहीं था। कस्तूरी ने कार्यालय से वर्दी लेने से इनकार कर दिया। सन् 1996 में प्राधिकरण ने उन्हें निर्धारित साड़ियां लेकर उन्हें पहनना शुरू करने का आदेश दिया। कस्तूरी ने पत्र लिखकर विभाग द्वारा निर्धारित शेड या रंग की खादी या हथकरघे के कपड़े की साड़ियां पहनते रहने की अनुमति मांगी। उन्हें इसका कोई उत्तर नहीं मिला और वह कार्यालय में खादी की

[1] एस. कस्तूरी बनाम अध्यक्ष, भारतीय विमानपत्तन प्राधिकरण, 2009 (2) एलएलएन 178

साड़ियां पहनती रहीं। अगस्त 1999 में कार्यालय ने उन्हें आधिकारिक रूप वितरित पॉलिएस्टर वर्दी पहनने का निर्देश दिया। ऐसा नहीं करने पर उन्हें चेतावनी दी गयी कि उनके ख़िलाफ़ अनुशासनात्मक कार्रवाई की जाएगी। पत्र में कहा गया:

> इसे सबसे ज़्यादा अनुशासन्हीनता का व्यवहार और अधिकारी की ओर से एक गंभीर चूक माना जाता है। इस संबंध में कुमारी कस्तूरी का ध्यान एनएए (ईसीडीए) विनियम, 1988 के विनियम 5(24) को ओर दिलाया जाता है, जिसके अनुसार प्राधिकरण के किसी भी कर्मचारी द्वारा ड्यूटी के दौरान वर्दी नहीं पहनना एक गंभीर कदाचार माना जता है और इसके लिए अनुशासनात्मक कार्यवाही की जा सकती है ... उन्हें अब निर्धारित वर्दी पहने बिना ड्यूटी पर आने की अनुमति नहीं दी जाएगी।

कस्तूरी ने सन् 1999 में इस आदेश के ख़िलाफ़ एक रिट याचिका दायर की और 5 नवंबर 2008 को उनके पक्ष में फ़ैसला सुनाया गया।

उस फ़ैसले में गांधीजी के विदेशी वस्तुओं के बहिष्कार के संघर्ष का उल्लेख किया गया था। महात्मा गांधी ने कहा था, 'हमें ख़ुद अपने सूत की कताई करने से अधिक रोज़गार पैदा करने में मदद मिलेगी। अंग्रेज हमारे देश में उत्पादित कपास को लंकाशायर (इंग्लैंड) ले जाते हैं और तैयार माल के रूप में बिक्री के लिए हमारे देश में वापस लाते हैं। अगर हमने इसे ख़रीदने से इनकार कर दिया, तो अंग्रेजों को नुकसान होगा।' वह चाहते थे कि प्रत्येक भारतीय यह प्रतिज्ञा करे कि वह केवल खादी ही पहनेगा। 'ब्रिटिश सामान का बहिष्कार करो' हमारा राष्ट्रीय नारा बन गया था। गांधीजी ने खद्दर के उपयोग पर विस्तार से लिखा और इस विषय को अपने अखबार 'हरिजन' में काफी जगह दी। सन् 1936 में दो गांधीवादियों ने उन्हें बिहार से पत्र लिखा। उन्होंने पंडित जवाहरलाल नेहरू को यह कहते हुए उद्धृत किया कि खादी तब तक जारी रहेगी, जब तक कि स्वतंत्र भारत पूर्ण औद्योगीकरण प्राप्त नहीं कर लेता। वे इस बारे में गांधीजी के विचार जानना चाहते थे। गांधीजी ने 'हरिजन' (4 जुलाई

1936) में यह कहते हुए इसका उत्तर दिया कि खादी पहनना जारी रहेगा, चाहे भारत का औद्योगीकरण हो या न हो।

उच्च न्यायालय ने खादी के इतिहास से अनभिज्ञ प्राधिकरण के रवैये की निंदा की और कहा कि उसने कस्तूरी के ख़िलाफ़ बदले की भावना से काम किया है। अदालत ने पाया कि प्राधिकरण मौलिक कर्त्तव्यों का उल्लंघन कर रहा था। अदालत ने कस्तूरी के ख़िलाफ़ शुरू की गयी अनुशासनात्मक कार्यवाही को 'वर्दी पर निरंकुशता' करार देते हुए रद्द कर दिया। अदालत ने कस्तूरी की भावना का सम्मान नहीं करने के लिए प्राधिकरण पर 5,000 रुपये का ख़र्चा भी लगाया।

अख़बारों ने इस मामले को प्रमुखता से छापा। 'टाइम्स ऑफ इंडिया' ने पहले पन्ने पर एक कार्टून भी छापा। इस फ़ैसले के बारे में सुनकर न्यायमूर्ति कृष्ण अय्यर ने एक पत्र लिखा। उन्होंने इस फ़ैसले को देशभक्ति में सराबोर बताया।

अपने नियोक्ता की निरंकुशता के ख़िलाफ़ साहस के साथ लड़ने के लिए हमें कस्तूरी की खुलकर प्रशंसा करनी चाहिए। इसके बाद तमिलनाडु क्रिकेट एसोसिएशन में एक घटना हुई, जब उच्च न्यायालय के एक न्यायाधीश को परिसर में प्रवेश करने की अनुमति नहीं दी गयी, क्योंकि उन्होंने खादी की धोती और शर्ट पहन रखी थी। इसका ज़ोरदार विरोध हुआ। राज्य विधानसभा ने सार्वजनिक स्थानों में प्रवेश (पोशाक पर प्रतिबंध हटाना) अधिनियम, 2014 पारित किया, जिसने धोती पहनने वाले व्यक्ति को प्रवेश से इनकार करने के लिए एक निजी निकाय के लिए कारावास की सज़ा का दंड निर्धारित किया। यह सुनकर खुशी होती है कि अब एयर इंडिया ने भी अपने कर्मचारियों को खादी पहनने की अनुमति दे दी है।

उमादेवी

कहते हैं कि प्यार अंधा होता है। लेकिन अकसर पुलिस ऐसा व्यवहार करती है कि लगता है कि उसके पास न तो आंखें हैं और न दूसरों के लिए सम्मान।

चेन्नै में हम इस बारे में ख़बरें पढ़ते हैं कि पुलिसकर्मी बिना किसी शालीनता के किस तरह व्यवहार करते हैं, यहां तक कि मरीना समुद्र तट पर प्रेमियों से पैसे भी वसूलते हैं। इनमें से कई पुलिसकर्मी पार्कों जैसे सार्वजनिक स्थानों पर मिलने वाले प्रेमियों और जोड़ों पर तंज़ कसते हुए संस्कृति के पहरेदार बन गये हैं।

मरीना पर एक पुलिसकर्मी ने ख़ुद को संस्कृति का रक्षक समझ लिया था। उसने इतनी हद पार कर ली कि उसे अस्थायी रूप से उसके काम से हटा दिया गया। यह कार्रवाई इसलिए संभव हुई, क्योंकि प्रभावित पक्ष वकील थे। अगर वे आम लोग होते ... ?

सार्वजनिक स्थानों पर पुलिसकर्मियों द्वारा सांस्कृतिक पहरेदारी किस हद तक ख़राब हो सकती है, यह उमादेवी[1] और कृष्णन की दुखद कहानी बताती है। यह बताती है कि कैसे एक विवाहित जोड़े को अनैतिक व्यापार (रोकथाम) अधिनियम के तहत गिरफ़्तार किया जा सकता है, जबकि वे अपने निजी दायरे में थे। यह एक ऐसी कार्यवाही थी, जिसने उनकी सरकारी नौकरी को ख़तरे में डाल दिया।

उमादेवी तमिलनाडु के तंजावुर जिले की तिरुवोनम नगरपालिका में आंगनबाड़ी कार्यकर्ता थीं। इस घटना के समय वह पैंतीस वर्ष की थीं। वह आर्थिक रूप से मजबूत पृष्ठभूमि से आयी थीं और शादीशुदा नहीं थीं। वहां के प्राथमिक विद्यालय के

[1] उमा @ उमादेवी बनाम जिला कलेक्टर, तंजावुर, डब्ल्यू.पी. (एमडी) 2006 की संख्या 11138, दिनांक 4.10.2007

प्रधानाध्यापक कृष्णन इक्यावन साल के थे और छह साल पहले उनकी पत्नी का निधन हो गया था। उनका बेटा विदेश में रहता था और बेटी अपनी ससुराल में थी। परिवार की मर्जी के ख़िलाफ़ उमा ने मई 2006 में उनसे शादी कर ली। जुलाई में उनकी शादी रजिस्ट्रार कार्यालय, तिरुवयारु, तमिलनाडु में दर्ज की गयी थी।

बाद में एक रिश्तेदार की शादी में शामिल होने के लिए वे कुंभकोणम, स्वामीमलई और तंजावुर गये। इस यात्रा के दौरान उन्हें पुलिस की तरफ़ से भयावह झटका लगा। यह तब हुआ, जब वे एक निजी लॉज में ठहरे हुए थे। वहां छोटा-मोटा काम करने वाला एक कर्मचारी पुलिस का मुख़बिर भी था। उससे प्राप्त सूचना के आधार पर पुलिस इंस्पेक्टर वसंता ने अनैतिक व्यापार (निवारण) दस्ते के साथ तुरंत लॉज पहुंचकर दंपती को गिरफ़्तार करके न्यायालय में पेश किया। मजिस्ट्रेट ने अपने विवेक का इस्तेमाल किये बिना उन्हें तुरत-फुरत हिरासत में भेज दिया।

उमादेवी ने त्रिची की महिला जेल में सात दिन और कृष्णन ने तंजावुर जेल में पांच दिन बिताये। इसके बाद उन्हें ज़मानत पर छोड़ दिया गया। इस बीच, उनकी तस्वीरें इन समाचारों के साथ अख़बारों में छपीं कि उन्हें पुलिस की सजगता से वेश्यावृत्ति के मामले में गिरफ़्तार किया गया है। सजग पुलिस बल ने उन संबंधित अधिकारियों को भी तत्परता से सूचित कर दिया, जिनके अधीन युगल काम करता था। इसके बाद दोनों को सेवा से हटा दिया गया। उन्हें कार्यस्थल पर, घर पर, परिवार के सदस्यों के बीच और हर उस जगह जहां वे जाने जाते थे, अपमान का सामना करना पड़ा।

इतने अपमान के बावजूद उमादेवी विचलित नहीं हुईं। उन्होंने पूरी दुनिया के सामने अपनी बेगुनाही साबित करने की ठानी। उन्होंने मद्रास उच्च न्यायालय की मदुरै पीठ का दरवाज़ा खटखटाया। उच्च न्यायालय ने उमादेवी और कृष्णन को बर्ख़ास्त करने के आदेश पर अंतरिम रोक लगा दी। राज्य और पुलिस विभाग को उनके आचरण की व्याख्या करने के लिए नोटिस भेजा गया था। उनके वरिष्ठ, बाल कल्याण अधिकारी का जवाब आश्चर्यजनक रूप से आत्मविश्वास से भरा हुआ था। उन्होंने कहा: 'उमादेवी एक अविवाहित महिला हैं। वह एक आदमी के साथ लॉजिंग हाउस में रह रही थीं। इस वजह से उन्हें अनैतिक व्यापार अधिनियम के तहत गिरफ़्तार कर लिया गया। इसीलिए उनकी सेवाएं समाप्त कर दी गयीं।'

भले ही सर्वोच्च न्यायालय (1994) ने माना है कि अधीनस्थों को नौकरी से निकालने की शक्ति का प्रयोग सरकारी अधिकारियों द्वारा मनमाने और यांत्रिक रूप से नहीं किया जाना चाहिए, बहुत कम अधिकारी इसे ध्यान में रखते हैं।

उच्च न्यायालय ने अनैतिक व्यापार (रोकथाम) अधिनियम, 1956 के तहत विवाहित जोड़े को गिरफ़्तार करने के लिए पुलिस अधिकारियों को कड़ी फटकार लगाई और उन वरिष्ठों की निंदा की, जिन्होंने उन्हें नौकरी से निकाल दिया था। अदालत ने नोट किया:

> पुलिस केवल क़ानून लागू करने वाली शक्ति है और वह यह नहीं मान सकती कि नैतिक पुलिसिंग उसका कर्त्तव्य है। छापा मारने वाली टीम में सभी पुलिसकर्मी महिलाएं थीं। उन्होंने अपने आचरण से न केवल आपस में सहमति रखने वाले दो व्यक्तियों, जो क़ानूनी रूप से विवाहित पति-पत्नी थे, को परेशानी में डाला था, बल्कि उन्हें बदनाम भी कर दिया था। ख़ासकर इसलिए भी कि वे दूरदराज के गांवों में काम कर रहे थे। अति उत्साही पुलिस के कारण वे कहीं मुंह दिखाने लायक नहीं रह गये थे। इसके लिए पुलिस को माफ़ नहीं किया जा सकता है, याचिकाकर्ताओं ने जो कुछ झेला उसकी भरपाई भी नहीं हो सकती। इसके अलावा एक निजी लॉज के कमरे में आपसी सहमति से किसी भी मुद्रा में पाये जाने वाले दो व्यक्तियों पर किसी आपराधिक कृत्य का आरोप नहीं लगाया जा सकता है। यह कोई दंडनीय अपराध नहीं है।

इस आदेश ने पति-पत्नी को पूरे वेतन के साथ सेवा में बहाल कर दिया। अदालत ने खेद व्यक्त किया कि वह उनके द्वारा झेले गये सामाजिक अपमान को दूर करने में असमर्थ है। यह माना गया कि झूठी शिकायत के आधार पर किसी व्यक्ति को गिरफ़्तार करने या बंद कमरे के छेद से झांकने के लिए पुलिस के पास कोई अधिकार नहीं है।

उमादेवी के साहस और शुद्धता के पहरेदारों के ख़िलाफ़ लड़ने में सफलता की सराहना की जानी चाहिए।

परिचय

जस्टिस के. चंद्रू एक वकील और मद्रास उच्च न्यायालय के पूर्व जज हैं। जज के रूप में उन्होंने क़रीब 96 हजार मामलों की सुनवाई की जो एक रेकॉर्ड है। चर्चित तमिल फिल्म *जय भीम* (निर्देशक टीजे ज्ञानवेल) 1993 के उस केस पर आधारित है, जिससे जस्टिस चंद्रू वकील के रूप में जुड़े थे। फिल्म में उनकी भूमिका तमिल सुपरस्टार सूर्या ने निभाई थी। जस्टिस चंद्रू तमिल और अंग्रेजी में लिखते हैं।

गीता हरिहरन के पहले उपन्यास *द थाउजेंड फेसेस ऑफ नाइट* ने 1993 में राष्ट्रमंडल लेखकों का पुरस्कार जीता। उनके अन्य उपन्यास हैंः दि *घोस्ट्स ऑफ वासु मास्टर, व्हेन ड्रीम्स ट्रैवल, इन टाइम्स ऑफ सीज, फ्यूजिटिव हिस्ट्रीज़* और *आई हैव बिकम द टाइड* जबकि *दि आर्ट ऑफ डाइंग* और *दि विनिंग टीम* उनके कहानी संग्रह हैं।

भुवेन्द्र त्यागी हिंदी के चर्चित लेखक-अनुवादक और पत्रकार हैं। विभिन्न पत्र-पत्रिकाओं में उनके लेख और टिप्पणियां प्रकाशित होती रही हैं। उन्होंने अंग्रेजी की कई रचनाओं का हिंदी में और हिंदी की कई रचनाओं का अंग्रेजी में अनुवाद किया है। उनकी प्रमुख पुस्तकें हैं – *दहशत के 60 घंटे* और *ये है मुंबई*।